株主に響く
コーポレートガバナンス・コードの実務

河北博光・山崎直実 著
KAWAKITA HIROMITSU　YAMAZAKI NAOMI

同文舘出版

→ CORPORATE GOVERNANCE CODE

はじめに

　2015年4月29日，安倍晋三首相は，日本の内閣総理大臣として初めて米国の上下両院合同会議で演説を行いましたが，その中で，"Corporate governance in Japan is now fully in line with global standards, because we made it stronger."と述べています。これは，それほど多くの事項をあげたわけではないReforms for Stronger Japanという部分で述べられており，日本の成長戦略の中で政府として極めて強い覚悟と自信を持って，コーポレートガバナンス改革に取り組んだということが理解できます。

　もちろん，日本のコーポレートガバナンス改革はこれからが本番です。社外取締役の人数・割合が他の先進国に比べると少ないなど外形的な部分だけを見ると，まだまだという感じもあります。しかし，今回制定されたコーポレートガバナンス・コードを熟読すると，その中に秘められたメッセージは世界的に見ても先進的であり，また日本独自の考え方が堂々と示されています。上場会社は，このコードを新たな規制として捉えるのではなく，成長のためのガバナンスの教科書として捉え，深い理解に基づき，自社の経営を積極的に見直し，成長への取組みを強化することが求められます。

　コード原案公表後，有識者会議メンバーや金融庁，東京証券取引所担当者からはコードの本質的な理解や背景についての説明が行われ，さらに，証券代行機関や監査法人，弁護士などからも法的な視点も踏まえた実務対応についての解説も行われています。本書では，第1部においてコーポレートガバナンスの起点として位置づけられる株主の立場から見た考え方をできる限りわかりやすく解説しました。また，第2部では，株主の考え方を踏まえた具体的な実務の推進方法を整理し，第3部で，株主に向けた開示とコミュニケーションの具体的な方法を記しています。

　株式市場には多様な株主・投資家が存在し，さまざまな思惑で株式を売買し，保有しています。ここで示した株主の考え方は，できるだけ一般的な機関投資家の考え方を示しています。また，上場会社も，固有の状況によって

コードへの対応にはさまざまな考え方，方法があります。

　今後，上場会社と株主との対話が進むことによって，対応方法も進化していくことが期待されています。コーポレートガバナンス・コードにより日本のコーポレートガバナンスは大きく進化することが期待されますが，ガバナンス改革には終わりがなく，強い信念と不断の努力が必要であることはいうまでもありません。

　なお，本書は，元機関投資家ポートフォリオマネジャーと元企業の株式IR担当者が，その経験に基づき多くのディスカッションを経て執筆したものですが，その過程では多くの機関投資家，上場会社，IR支援会社や研究機関の皆さまから貴重な助言をいただきました。

　また，すべての原稿に目を通し的確な助言をいただいた宝印刷株式会社取締役常務執行役員の田村義則氏をはじめとする関係各位，さらに，昼夜を問わず校正などさまざまなサポートをいただいた青柳裕之氏をはじめとする同文舘出版の皆様にも厚く御礼を申し上げます。

　本書が，コーポレートガバナンスの発展における実務対応の指針として，読者の皆様のお役に立つことができれば幸いです。

　2015年9月

　　　　　　　　　　元機関投資家　ポートフォリオマネジャー　河北博光
　　　　　　　　　　元上場会社　IR/株式マネジャー　山崎直実

＊本書の内容はすべて私見であり，所属した組織の見解ではありません。

本書の効果的な読み方

　最初から通しで読んでいただくのが，最も理解していただけると思いますが，実務対応を進めているご担当者の利便性を考え，必要な箇所だけを拾い読みすることができるようにしています。

　まず，最初に，第1部で，コーポレートガバナンス・コード（以下，コードという）で求められていることと，機関投資家の考え方の背景を把握した上で，第2部の必要とする原則を拾い読みし，第3部で，効果的な開示とコミュニケーションの方法を参照できます。

　コードへの対応は，東証の「コーポレート・ガバナンスに関する報告書」（以下，コーポレートガバナンス報告書という）での開示がゴールではありません。ガバナンス改革には時間がかかることから，株主はその継続的な変化を見ており，今後も改革を進めていくことが求められています。したがって，必要なときに必要な箇所を開いて，実務の参考にしていただければと考えています。

　また，最新情報や読者の皆様のご質問をお受けし，ネット上で内容をアップデートいたします。読者の方は，ぜひご覧いただき，最新の情報に基づき，実務を進めていただきたいと思います。

「株主に響くコーポレートガバナンス・コードの実務」のブログ
http://www.esg.jp/books/cgcode/
（担当ブロガー：山崎直実）

コーポレートガバナンス・コードのGoal

コーポレートガバナンス報告書で，遵守or説明する 〈Goalではない〉

↓

コーポレートガバナンス報告書をベースに株主と対話し，株主を起点としたガバナンスの在り方を理解する

↓

自社のガバナンスに対する考え方や体制，仕組みを見直す

↓

コーポレートガバナンスを改革し，企業価値を向上させる体制を整える

攻めのコーポレートガバナンスを実現する 〈Goal！〉

株主に響く　コーポレートガバナンス・コードの実務 ● もくじ

はじめに　i
本書の効果的な読み方　iii

第1部　コーポレートガバナンス・コードでは何が求められるのか

1　なぜ今，コーポレートガバナンス・コードなのか……3

1▶コーポレートガバナンス・コード策定の背景　3
1．日本再興戦略におけるコーポレートガバナンス改革　3
2．攻めのコーポレートガバナンス　5

2▶「稼ぐ力」を取り戻すとは　7
1．株主資本コストを意識し，ROEを高める　7
2．ROEと成長戦略　9

3▶コーポレートガバナンス・コードにおける株主の位置づけ　11
1．コーポレートガバナンスの起点　11
2．なぜ株主がコーポレートガバナンスの起点となるのか　12

4▶外国人投資家を意識した法令の求めを上回る対応　14

2　株主は何を求めているか……17

1▶上場会社が理解しておくべき機関投資家の分類　17
1．企業価値評価型の機関投資家と株価評価型の機関投資家　17
2．絶対リターンと相対リターン　18

2▶機関投資家から見た企業価値　19
1．将来キャッシュフローの割引現在価値＝すべてのステークホルダーの価値の総和　19
2．企業価値と株価　21

3▶機関投資家から見た企業の成長　22
1．将来フリーキャッシュフローの現在価値の拡大　22
2．持続性（サステナビリティー）の評価　24

v

4 ▶ 株主は経営に何を求めているのか　25
　　1. ビジョンの達成に向けた戦略の方向づけとキャピタルアロケーション　25
5 ▶ 資本コストについての考え方　28
　　1. 株主資本コストの認識が必要　28
　　2. 資本コストのコントロールはCFOの役割　29

第2部　コーポレートガバナンス・コードにどう取り組むか　―原則への具体的な実務対応例―

1　株主の権利・平等性の確保 ……………………………………… 35

【原則1-1　株主の権利の確保】……36

1. 背景となる株主の考え方　37
　総会議案の反対票の分析・課題認識　37
　株主総会と取締役会の位置づけ　37
　少数株主の権利　38

2. 具体的な実務の例　39
　総会議案の反対票の分析・課題認識　39
　機関投資家の反対意見の収集　41
　株主総会決議事項の取締役会への授権　42
　株主提案の手続き,法定書類の閲覧・謄写請求の手続き　43

【原則1-2　株主総会における権利行使】……45

1. 背景となる株主の考え方　46
　株主から見た日本の株主総会運営の問題点　46
　招集通知の情報開示不足と有価証券報告書等の参照の手間　46
　議案の検討期間の短さ　47
　機関投資家の株主総会への出席要望　49

2. 具体的な実務の例　50
　招集通知の任意記載の充実　50
　招集通知の英訳, ICJ議決権行使プラットフォームの利用　54
　招集通知の発送前WEB掲載　54
　機関投資家の株主総会への出席　55

【原則1-3　資本政策の基本的な方針】……57

vi

1. 背景となる株主の考え方　57
   資本政策の重要性と内容　57
2. 具体的な実務の例　58
   資本政策の基本方針の策定　58

【原則1-4　いわゆる政策保有株式】……62

1. 背景となる株主の考え方　62
2. 具体的な実務の例　63
   「政策保有に関する方針」の考え方　63
   政策保有株式の見直し　64
   政策保有株式の議決権行使を適切に対応するための基準と仕組みの策定　67
   開示方法　67

【原則1-5　いわゆる買収防衛策】……69

1. 背景となる株主の考え方　69
2. 具体的な実務の例　70
   基本認識　70
   取締役会での検討　71
   ライツプラン以外の買収防衛目的の方策の導入　72
   TOBにおける株主の権利の配慮　72
   安易な買収防衛策の導入・継続への慎重な対応　73

【原則1-6　株主の利益を害する可能性のある資本政策】……75

1. 背景となる株主の考え方　75
2. 具体的な対応の例　75

【原則1-7　関連当事者間の取引】……77

1. 背景となる株主の考え方　77
   関連当事者間取引に対する経済合理性の欠如の懸念　77
2. 具体的な実務の例　77
   関連当事者取引の管理・監督　77

2　株主以外のステークホルダーとの適切な協働 ……81

【原則2-1　中長期的な企業価値向上の基礎となる経営理念の策定】……82

【原則2-2　会社の行動準則の策定・実践】……82

1. 背景となる株主の考え方　82

vii

経営理念の策定　82
　　　行動準則の策定・実践　83
　２．具体的な実務の例　84
　　　経営理念，行動準則の社内整理と開示資料の整合　84
　　　株主に見切られてしまう典型的な例　84

【原則2-3　社会・環境問題をはじめとするサステナビリティーを巡る課題】……86
　１．背景となる株主の考え方　86
　　　株主が求めるサステナビリティーを巡る課題　86
　２．具体的な実務の例と留意すべきポイント　88
　　　CSR課題からサステナビリティーを巡る課題への認識の転換　88
　　　サステナビリティーを巡る課題の認識方法　89

【原則2-4　女性の活躍促進を含む社内の多様性の確保】……91
　１．背景となる株主の考え方　91
　　　企業の価値創造の観点を踏まえた多様性の確保　91
　２．具体的な実務の例　91
　　　ビジネスの状況を踏まえた多様性の確保の取り組みとその説明　91

【原則2-5　内部通報】……93
　１．背景となる株主の考え方　93
　　　社長を最終報告者とする内部通報制度への不信感　93
　２．具体的な実務の例　94
　　　社外者を窓口とする内部通報制度の整備　94

3　適切な情報開示と透明性の確保 …… 95

【原則3-1　情報開示の充実】……97
　１．背景となる株主の考え方　98
　　　投資の前提となる問い　98
　　　ひな型的ではない表現への期待　98
　　　英文での情報開示　99
　２．具体的な実務の例　99
　　　投資の前提となる問いに訴える一貫性のある説明　99
　　　暗黙的であった方針・手続きの見直し，任意記載の充実　100
　　　英文で情報開示しないことのリスク（SECルール12g3-2(b)）　106

【原則3-2　外部会計監査人】……108

1. **背景となる株主の考え方** 108
   投資の大前提である適正な監査の確保 108
2. **具体的な実務の例** 109
   会計監査人の選解任の議案内容の決定,そのための評価と基準の策定 109
   適正な会計監査の確保に向けた体制の確立 111

4　取締役会等の責務 ……………………………………………………………113

1. **背景となる株主の考え方** 114
   日本企業の低迷の要因 114
   日本型コーポレートガバナンスの問題点 115
   株主が考えている日本型ガバナンスの構造的な欠陥 116

【原則4-1　取締役会の役割・責務(1)】……117

1. **背景となる株主の考え方** 118
   業務執行の議論が中心の取締役会 118
   中期計画の実行力への信頼の低さ 118
   透明性・公平性に欠ける後継者選び 119
2. **具体的な実務の例** 119
   取締役会と経営陣や執行会議等との役割分担の明確化と,社員の意識変革 119
   中期計画でコミットするマイルストーンと,要因分析結果と対策の開示 121
   指名諮問委員会等の場でサクセッション・プランを監督 122

【原則4-2　取締役会の役割・責務(2)】……126

1. **背景となる株主の考え方** 126
   リスクテイク不足 126
2. **具体的な実務の例** 127
   取締役会による経営陣幹部の適切なリスクテイクへの後押し 127
   役員・経営者報酬の設計と評価,開示 127

【原則4-3　取締役会の役割・責務(3)】……132

1. **背景となる株主の考え方** 132
   取締役会の監督機能の押さえどころ 132
2. **具体的な実務の例** 133
   取締役会における監督の責務の認識と,関連する他の原則の遵守 133

【原則4-4　監査役及び監査役会の役割・責務】……135

1. **背景となる株主の考え方** 135
   監査役の実効性への疑問 135
2. **具体的な実務の例** 136
   監査役の機能の強化 136

【原則4-5　取締役・監査役等の受託者責任】……139
1. **背景となる株主の考え方** 139
   役員の受託者責任の認識の要望 139
2. **具体的な実務の例・留意点** 140
   役員・経営陣が受託者責任を認識 140

【原則4-6　経営の監督と執行】……141
1. **背景となる株主の考え方** 141
   監督と執行の分離不足 141
2. **具体的な実務の例** 141
   取締役会議長への非業務執行の取締役の就任 141

【原則4-7　独立社外取締役の役割・責務】……143
1. **背景となる株主の考え方** 143
   社外取締役の監督機能への期待 143
2. **具体的な実務の例** 144
   社外取締役の専門性と多様な視点による助言 144
   社外取締役による取締役会の意思決定の客観的合理性の担保 144
   利益相反の監督（関連当事者間取引等，買収提案時など） 145
   少数株主をはじめとするステークホルダーの意見の代弁 146

【原則4-8　独立社外取締役の有効な活用】……147
1. **背景となる株主の考え方** 147
   複数の社外取締役の確保 147
   社外取締役の情報不足,問題意識の共有,コンセンサスの必要性 148
   筆頭独立取締役との対話希望 148
2. **具体的な実務の例** 149
   複数の独立社外取締役の確保 149
   3分の1以上の選任 150
   社外取締役・社外監査役の会合の設置 151
   筆頭独立社外取締役の選任 151

【原則4-9　独立社外取締役の独立性判断基準及び資質】……153

1. 背景となる株主の考え方　153
2. 具体的な実務の例　155
   海外法令や機関投資家の判断基準等を踏まえた独立性判断基準の設定・開示　155

【原則4-10　任意の仕組みの活用】……157

1. 背景となる株主の考え方　157
   機関設計の工夫への期待　157
2. 具体的な実務の例　158
   任意委員会の設置,もしくは監査等委員会の活用　158

【原則4-11　取締役会・監査役会の実効性確保のための前提条件】……160

1. 背景となる株主の考え方　161
   年功序列・論功行賞の取締役会メンバー構成からの変化　161
   社外役員の一定の兼職数を超えることへの懸念　161
   取締役会の実効性に対する自己評価への期待　161
2. 具体的な実務の例　162
   取締役会全体としての知識・経験・能力のバランス,多様性および規模の考え方　162
   社外役員の適切な兼職先の数の設定　163
   取締役会の実効性に関する分析・評価の実施　164

【原則4-12　取締役会における審議の活性化】……169

1. 背景となる機関投資家の考え方　169
   取締役会の審議が形式的なものに留まっていないか　169
2. 具体的な実務の例　170
   審議の活性化を図る取締役会運営　170

【原則4-13　情報入手と支援体制】……171

1. 背景となる株主の考え方　172
   社外役員の情報入手の支援体制の必要性　172
2. 具体的な実務の例　172
   情報入手を支援する体制と取り組み　172

【原則4-14　取締役・監査役のトレーニング】……175

1. 背景となる株主の考え方　175
   取締役の知識不足,トレーニングの機会の不足　175

xi

2. 具体的な実務の例　176
　　トレーニングの実施と方針の開示　176

5　株主との対話 ··· 179

【原則5-1　株主との建設的な対話に関する方針】······180
1. 背景となる株主の考え方　181
　　企業との建設的な対話への積極姿勢　181
　　経営陣との強い面談希望　182
　　対話方針への求め(各部門の連携, フィードバック, インサイダー情報管理)　182
　　株主保有状況は株主判明調査が必要　183
2. 具体的な実務の例　183
　　対話に対する心構えと双方向の対話手法　183
　　体制整備・取組みが不十分で方針が未策定の場合の開示方法　184
　　体制整備・取組みに関する方針の冒頭に示す, 対話への姿勢　185
　　対話する株主の合理的な範囲の開示　185
　　具体的な対話の体制の整備・取組み　187
　　株主構成の把握によるIR戦略の立案と実施　190

【原則5-2　経営戦略や経営計画の策定・公表】······196
1. 背景となる株主の考え方　196
　　コーポレートファイナンス理論に従った株主の思考　196
2. 具体的な実務の例　197
　　コーポレートファイナンス理論を意識した説明　197

第3部　どのように開示し, コミュニケーションするか

1▶ 開示とコミュニケーションに臨む姿勢　207
1. コーポレートガバナンス報告書による開示義務化の11項目と他の原則　207
2. 全原則の遵守状況の説明は不必要　208
3. 形式的なコンプライと表層的な説明の否定　208
4. 遵守状況のチェックではなく, 対話の材料, 企業姿勢が溢れ出る情報の収集　209

2▶ 株主は何を知りたいのか　210

  1. 資本生産性の認識　211
  2. 独立社外取締役の役割の位置づけ　211
  3. 株主との対話への姿勢　212
3▶具体的な開示方法と機関投資家とのコミュニケーション　214
  1. "取り繕った開示"より"現状の課題認識を正直に伝える開示"　214
  2. コーポレートガバナンス報告書の提出でコード対応は終わらない　215
  3. ガバナンス・ストーリー　215
  4. 社長コミットメント　218
4▶各コミュニケーションツールの開示・説明の仕方　221
  1. コーポレートガバナンス報告書への全情報の掲載　221
  2. ガバナンス・ストーリーで説明する開示資料の作成(株主との対話用の資料,もしくは招集通知の活用)　222

あとがき　229
参考文献　231

コラム　目次

- **コラム①** 対話とは（本書における「対話」の定義） …………………… 6
- **コラム②** 株主が求めるROE上昇の道筋 ………………………………… 10
- **コラム③** スチュワードシップ・コードと
  コーポレートガバナンス・コードの関係 …………………… 13
- **コラム④** 英米に見るコーポレートガバナンスの将来像 ……………… 16
- **コラム⑤** 経営者による企業価値向上へのコミットメントの重要性 … 27
- **コラム⑥** 適切なリスクテイクとは ……………………………………… 29
- **コラム⑦** 内部留保は資本コストの観点からは増資と同義 …………… 60
- **コラム⑧** 上場会社の配当還元方針をどのように伝えるか …………… 61
- **コラム⑨** 米国におけるアクティビストの動向 ………………………… 73
- **コラム⑩** 海外企業の中期計画における数値目標 …………………… 124
- **コラム⑪** 海外の役員報酬の設計と開示 ……………………………… 131
- **コラム⑫** 英国の取締役会の実効性評価の取組み ………………… 167
- **コラム⑬** 決算日と議決権行使基準日の分離による
  株主総会に向けた議論の活性化 ……………………………… 191
- **コラム⑭** エンゲージメントでの質問の例 …………………………… 199
- **コラム⑮** 建設的な対話で株主は何を提案するのか ………………… 201
- **コラム⑯** 対話に合意した場合，機関投資家は長期保有をコミットできるのか … 202
- **コラム⑰** 英米におけるガバナンス構造の開示 …………………… 213
- **コラム⑱** コーポレートガバナンス報告書の記載をわかりやすく工夫した事例 … 225

株主に響く
コーポレートガバナンス・コードの実務

コーポレートガバナンス・コードでは何が求められるのか

　コーポレートガバナンス・コードは，コンプライ・オア・エクスプレインといった日本の上場会社にとって新しい考え方に加え，株主をコーポレートガバナンスの規律における主要な起点とするなど，ルールへの対応を主としたこれまでの発想とは異なる工夫が求められます。

　上場会社が，コードへの対応を通じて，企業価値向上に資するコーポレートガバナンス改革に取り組むには，まずコードでは何が求められているのか，株主はなぜコーポレートガバナンスの規律における主要な起点とされ，その株主は企業価値をどのように考え，何を求めているのか，といったことを理解することが必要です。

　まず，第1章では，なぜコーポレートガバナンス・コードが求められているのかということを機関投資家の視点から整理しました。コード策定の背景やコードの目的である攻めのガバナンスとは何か，なぜ株主がガバナンスの起点となるのか，何を持って「稼ぐ力」を取り戻すとするのか，上場会社にとって目指すべき水準はどこか，についてポイントを解説します。

　第2章では株主が何を求めているのかを説明します。一概に株主といってもさまざまな株主が存在し，それぞれが異なる投資目的を持っています。ここでは，スチュワードシップ・コードにおいても，企業の主たる対話先となることが期待されている長期視点の機関投資家の考え方を中心にまとめています。コード対応の実務を進める上で重要となる機関投資家の投資行動の背景，企業価値の捉え方や企業成長と資本コストの考え方などを整理しました。

1 なぜ今, コーポレートガバナンス・コードなのか

1 コーポレートガバナンス・コード策定の背景

1. 日本再興戦略におけるコーポレートガバナンス改革

　2014年6月24日に閣議決定された政府の成長戦略である「日本再興戦略改訂2014」では，コーポレートガバナンスの強化が重要施策として取り上げられ，上場会社に適用される「コーポレートガバナンス・コード」を，2015年の株主総会シーズンに間に合うように策定することとされました。

　これを受け，2014年8月以降，金融庁と東京証券取引所が共同で事務局を務める「コーポレートガバナンス・コードの策定に関する有識者会議」において，所要の検討が進められた結果，取りまとめられたのがコーポレートガバナンス・コード（以下，コードという）です。

　英国をはじめとして諸外国では，企業の不祥事などが発端となり，その対策からコーポレートガバナンスに関する諸制度が整えられてきましたが，日本では日本再興戦略の中で，成長戦略の一貫として策定されています。つまり，欧米のコーポレートガバナンス・コードは，不祥事などから企業を守るためのコードですが，日本のコーポレートガバナンス・コードは英文で"growth-oriented governance"とあるように，攻めのガバナンスを実現することによって，企業成長を後押しするためのコードとして位置づけられていることが特徴となっています。

　この点について，日本再興戦略の中では，「日本企業の『稼ぐ力』を高め，

その果実を広く国民に均てんさせる」ため、「コーポレートガバナンスの強化により、経営者のマインドを変革し、グローバル水準のROEの達成等を1つの目安に、グローバル競争に打ち勝つ攻めの経営判断を後押しする仕組みを強化していく」、「内部留保を貯め込むのではなく、新規の設備投資や、大胆な事業再編、M&Aなどに積極的に活用していくことが期待される」との考え方が示されており、企業がグローバル競争力を取り戻すことを目指して、積極的な成長戦略をとることが望まれています。また、「コーポレートガバナンスに関する基本的な考え方を諸原則の形で取りまとめることは、持続的な企業価値向上のための自律的な対応を促すことを通じ、企業、投資家、ひいては経済全体にも寄与するものと考えられる」としており、コードが日本経済全体の成長を目的として作られていることを明確にしています。さらに、「経済が長く続いてきたデフレ状況からようやく脱却しつつある今こそ、成長戦略のギアを一段階シフトアップし、日本企業の体質や制度・慣行を一変させる気概で、日本の『稼ぐ力』を取り戻すための大胆な施策を講ずる好機であり、またラストチャンスでもあることを覚悟すべきである」という強い言葉からも読み取れるように、日本企業や従業員が真面目に努力しているにも拘らず、企業価値を上げることができず業績の低迷が続き、賃金の下落が続いている現状を打破し、企業の「稼ぐ力」を取り戻すことが日本経済の復活のために必要であり、また、そのために残された時間は短いという強い課題意識に基づき策定されています。

　したがって、上場会社は単にコードを遵守するだけでなく、これをきっかけに企業価値向上を意識したガバナンス体制の見直しを行い、上場会社が成長に向けて積極的にリスクテイクできる仕組みを作ることが期待されています。上場会社は、コードを新たな規制として捉えるのではなく、積極的な成長路線に舵を切ることを支援するための教科書として捉え、ガバナンスを見直すことが求められているのです。

2．攻めのコーポレートガバナンス

これまでコーポレートガバナンスは，コンプライアンスの延長として捉え，企業を守るためのものと考えられてきたため，攻めのガバナンスという概念は，どうしても腑に落ちない方も多いと思います。また，上場会社がとらなければならない行動について詳細に規定する「ルール・ベース」に慣れてきた上場会社にとって，規範となる考え方や方法を原則として示すプリンシプル・ベースという考え方も馴染みが薄いものです。

まず，なぜ攻めが必要なのでしょうか。これは経済環境が大きく変化する中，日本の上場会社の多くが大胆な構造改革を実現できず，既存事業の収益が徐々に低下し続けてきたという事実に対する問題意識があります。そして，株主資本コストを下回る状況が続いていながら，抜本的な対策が打たれない経営が続けられていたことに対して，強い問題意識を持って上場会社のガバナンスをさまざまな角度から見直しています。

特に株主によるガバナンスに関しては，適正なリターンを求め企業の経営者と目標が一致しているはずである株主を起点としたガバナンスが機能してこなかったことに対する強い問題意識があり，それに対しては機関投資家の株主としての責務を確認するスチュワードシップ・コードがコーポレートガバナンス・コードに1年先行して施行されています。コードは適正なリター

図表1-1　OECDと日本のコーポレートガバナンス・コードの目的

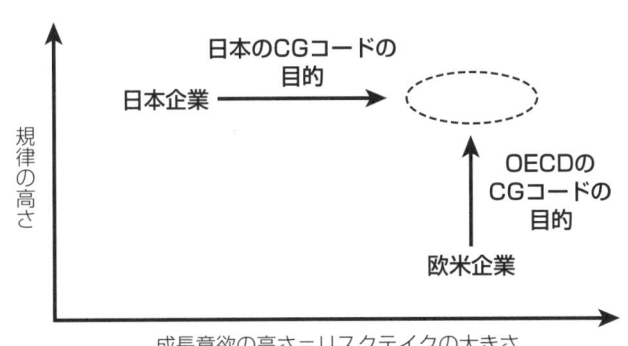

ンを求めるはずの株主によるガバナンスが機能していれば，自然と攻めに向けての自己変革を行っていくことが上場会社に求められ，企業も資本生産性を高めるはずであると考えています。したがって上場会社が低収益性を抜け出すための改革を後押しするためには，株式会社に関わるステークホルダーの中で唯一純粋に収益性や成長を求める存在である株主を，ガバナンスの起点として考えることが必要です。そこで求められる攻めのガバナンスの在り方は，ルールベースの規制ではなく，考え方や方法のベストプラクティスを示したコードに沿って，上場会社が現状を踏まえて，やるべきこと，やるべきではないことを自ら考えるべきであり，さらにガバナンス改革の進め方は，株主との対話の中で見つけていくのが合理的であると考えられています。

コラム① 対話とは（本書における「対話」の定義）

スチュワードシップ・コードにおいてエンゲージメントは「目的を持った対話」とされ，株主と投資先企業との間で建設的な対話が行われることが期待されています。しかしながら，対話という言葉は捉え方によって幅があることから，スチュワードシップ・コードの受入表明文を読むだけでも，その解釈にはかなりの差があります。

「目的を持った」という言葉を，何らかの問題がある上場会社に対して問題提起や改善要求をする目的を持った対話と捉えると，アクティビスト的な活動がイメージされるかもしれません。しかしながら，エンゲージメントという言葉は多くの人にとってエンゲージメントリング（婚約指輪）でイメージされるように，愛着心，パートナーへの改善への欲求，理解・把握に基づく協力を意味し，相手への尊敬心を持った対話，価値創造に対する献身的な努力であることが求められるものです。したがって，最初から上場会社に対してもの申すというようなアクティビスト的な態度での対話は意味していません。

では，これまでのIRにおける株主とのミーティングとの違いは何でしょうか。従来のIRミーティングは基本的に上場会社からの情報伝達が中心であり，株主はそれを理解・確認することに留まっています。しかしながら，エンゲージメントと呼ばれる対話では，上場会社の価値創造プロセスに対して株主が共感できるところまでを求めています。そのために必要なことはお互いを理解するという努力，

つまり株主にとっては，経営者の考え方や事業活動への深い理解，上場会社にとっては株主と企業価値評価に対する理解といえるでしょう。したがって，エンゲージメントにおける対話は「株主がもの申す」といった株主提案，委任状争奪などを意識したものでは本来ありません。お互いの理解が深まることによって，自然と助言を求める場面なども想定できますが，最初からそれありきではなく，まずは相互理解のための対話と考えればよいと考えられます。

株主は売却によりEXITする自由を失いたくないため，情報収集以上のことを望んでいない場合もあります。しかしながら，金融に関する深い知識を持ち社会的責任もある株主が上場会社の価値創造に対して何らコミットしないのは問題であるという考えもあります。英国では上場会社の不祥事に対して資本の出し手である株主がモニタリングし適切な助言ができておらず，株主としての責任を十分果たしていなかったとの反省からスチュワードシップ・コードが制定されました。日本では資本コストを下回るROEが続いている上場会社に対して健全な指摘を行わず，株主としての責任を果たしていないことが問われています。

しかし，だからといって，株主が一方的にROEの改善要求を行うのはエンゲージメントとはいえません。その一方で，上場会社が，株主に事業戦略に関する具体的提案やコンサルティングを期待することも無理があると考えられます。株主は，企業価値評価のプロではありますが，ビジネスのプロではありません。上場会社は，株主の持つファイナンスに関する知識とモニタリング機能を自社の規律ある経営に活かし，株主は，事業や経営者の考え方を深く理解して企業価値評価に活かすことで，一緒に，企業価値の向上に向けて努力することが重要なのです。

まずは，お互いの理解の下，上場会社側が積極的に資本市場の論理を理解し，改善プロセスを示すことで，株主と価値基準を共有するための場としての対話が求められているといえるでしょう。

2 「稼ぐ力」を取り戻すとは

1．株主資本コストを意識し，ROEを高める

「稼ぐ力」といいますが，具体的に稼ぐ力をどのように評価するかについてはさまざまな方法があります。しかしながら，ガバナンス強化による上場

会社の持続的成長を目指すことが国策となる中，数値目標としてはROEが中心に据えられています。まずは資本コストを上回るROE（株主資本利益率）の達成，次にグローバル標準から見て見劣りしない水準への引き上げが目標といえるでしょう。

　なぜ，ROEという指標が目標に据えられているのかについて，少し復習します。ROEに関してはこれまで何度も取り上げられたことがありましたが，株主がROEを目標に掲げることを求めているにも拘らず，なかなか上場会社の目標としては定着してきませんでした。これは，ROEは経営の結果として表れるものであり，それ自体が目的となった財務戦略や事業領域の選択は適切ではないという考えがあったからです。しかしながら，株主はその投資に対するリスクに見合ったリターンを求めるのが当然であり，株主が求めるリターンがあたかもゼロであるかのような経営が続けられた結果，日本企業のROEは低水準で放置されてきました。そのため，株主から見た企業価値は毀損が続き，この間，株式市場が効率的であったか否かの問題はあるものの，一時は多くの上場会社がPBRで1倍を下回るような事態となりました。ROEがここに来て改めて目標とされているのは，株式会社である以上最低限考えておくべき経営規律として「ROEは株主資本コストを上回る必要があること」を意識するべきであることが改めて示されたわけです。これは決して上場会社だけの問題ではなく，資本の出し手である株主に対してもスチュワードシップ・コードにおいて，建設的な対話を通じて企業価値向上における投資家としての責任を果たすことが求められています。

　日本企業のROE引き上げに向けては官民あげてさまざまな施策がとられています。まずは，JPX400という指数が開発されましたが，これはROEを銘柄採用基準の1つとしています。現在の構成銘柄の平均ROEは10％台となっており，JPX400入りを目指す企業はROEの中期目標を2桁以上にすることが意識されています。また，伊藤レポート（経済産業省「持続的成長への競争力とインセンティブ～企業と投資家の望ましい関係構築～」プロジェクト「最終報告書」）では，日本企業は最低限8％を上回るROEを目指すべ

きとしており，すべての上場企業は最低限それを満たす必要があるとしています。また，議決権行使助言会社のISS（Institutional Shareholder Services）は，過去5期の平均ROEが5％を下回る上場会社の役員選任議案において原則として反対推奨を行う（直近会計年度が5％を上回っている場合は除く）としています。これまでもROEという指標が注目されたことはありましたが，あくまで企業評価の一指標としての位置づけでした。しかし，今回は指数や議決権行使の基準に採用されていることからも，その重みは大きく異なっています。

2．ROEと成長戦略

　上場会社は，さまざまな経営指標の中で，まずは株主資本コストを意識して，ROEを高めるという目標を掲げ，その達成のための道筋を，わかりやすく示していくことが重要です。ただ，注意しておきたいのは，基本原則2において株主以外のステークホルダーの重要性を強調していることからもわかるように，コードにおいてはROE至上主義をとっているわけではないということです。経営者が毎期ROEを向上させることに集中すると，長期の利益を最大化させるための投資が不十分になるなどの懸念があります。成長戦略の一貫としてこのコードが位置づけられていることからも，コードでは縮小均衡を前提とした短期的なROE向上を求めているのではなく，少なくとも株主の期待リターンである株主資本コストを上回るROEを達成した上で成長分野に資金を投じるべきであるという考えをとっています。

　したがって，ガバナンスに関しても，株主資本コストを上回るROEを達成し，上場会社の持続的成長を実現する上で，最適なガバナンス体制が整備できているかという視点で，一連の仕組みを整理し直す必要があります。

コラム② 株主が求めるROE上昇の道筋

　ROEは，株主の投資効率指標であり上場会社が株主資本コスト（株主から見た期待リターン）を上回る水準を保つことが必要であることは，株主から見るといわば当然です。しかしながら，ROEを上昇させるためには，分子の利益を増加させる以外に，分母の資本を減少させることでも可能です。そのため，縮小均衡に陥るおそれがあるなど，上場会社の中にはROE対する不信感が根強く存在しています。実際，米国では，1980年代から90年代初頭にかけて，ファイナンシャル・エンジニアリングが流行し，事業そのものへの投資を十分に行わず，レバレッジをかけることでROEを高める上場会社が増加するなどの弊害も見られました。また，日本の上場会社における目標は，売上や利益など規模を追求した目標が設定されることが多く，効率性の指標に対して馴染みが薄いため従業員が目標を共有し難いという問題もありました。そのため，売上や利益の目標と財務的な規律があった上でのROEであるべきで，ROEが他の指標に優先することは，上場会社の競争力強化にはつながらないという批判もあります。

　上場会社が成長している場合には，すべてのステークホルダーの価値が拡大し，必然的に利益拡大を通じて株主価値も増加します。一方，上場会社の成長が横ばい，あるいはマイナスとなる局面では，無理に株主利益だけを維持拡大しようとすると，他のステークホルダーへの価値配分が減少し，上場会社の企業価値縮小ペースがさらに速まることも懸念されます。企業価値評価を重視した株主にとって，企業価値とは将来キャッシュフローの現在価値ですから，短期的に株主の取り分が増えても長期的な競争力を失い，将来キャッシュフローへの期待が低下するような施策は求めていません。つまり，上場会社にとっても株主にとっても，長期的な成長のために他のステークホルダーへの配分を十分に行うことは重要であり，長期視点の株主が他のステークホルダーを犠牲にした短期的な価値配分の増加によるROEの上昇を求めることはありません（次章参照）。株主が求めるROEの上昇はすべてのステークホルダーに対する価値配分を適切に実施した後に残る株主価値の増加なのです。

　ただ，日本の上場会社に対しては，あまりにも無頓着に余剰資金を積み上げ，低ROEが放置されてきたという批判もあります。これまで株主資本コストへの意識が希薄であった上場会社も多く，その結果として多くの上場会社がPBR1倍割れの水準に低迷するという事態が発生しました。これは，まさにROEに対す

る注目が低く，一見コストが見えにくい株主資本を積み上げた結果だともいえます。このような状態は上場会社の被買収リスクが高まるなどさまざまなリスクをもたらしており，株主資本コストを意識した適切なバランスシートの再構築が求められています。財務レバレッジの適正化はROEを引き上げるために行うのではなく，非効率な資本構成の是正による資本コストの適正化のために行われるべきであり，ROEの上昇はあくまで総資本利益率の拡大によってもたらされるべきであると長期視点の株主は考えています。

3 コーポレートガバナンス・コードにおける株主の位置づけ

1．コーポレートガバナンスの起点

コードでは「上場会社には，株主を含む多様なステークホルダーが存在しており，こうしたステークホルダーとの適切な協働を欠いては，その持続的な成長を実現することは困難である（基本原則1）」ことが強調されています。

株主は資本提供者として「重要な要であり，株主はコーポレートガバナンスにおける主要な起点でもある（基本原則1）」とされる一方，コードの中では従業員，顧客，取引先，債権者，地域社会など「株主以外にも重要なステークホルダーが数多く存在する」と述べ，「上場会社は，自らの持続的な成長と中長期的な企業価値の創出を実現するためには，これらのステークホルダーとの適切な協働が不可欠である（基本原則2の「考え方」）」として，株主を中心とした欧米の考え方に対してさまざまなステークホルダーを大切にする日本の企業文化のよい点はしっかりと維持しようとする姿勢を明確にしています。

また，コードでは，市場における短期主義的な投資行動の強まりを懸念する声が聞かれる中，「市場においてコーポレートガバナンスの改善を最も強く期待しているのは，通常，ガバナンスの改善が実を結ぶまで待つ事ができる中長期保有の株主であり，こうした株主は，会社にとって重要なパートナーとなり得る存在である（序文第8項）」としています。

昨年2月に策定されすでに191社（2015年6月11日時点）が署名しているスチュワードシップ・コードの中では機関投資家に投資先企業との建設的な対話を求め，一方のコーポレートガバナンス・コードの中では上場会社側に株主との建設的な対話を求めています。両コードは，いわば『車の両輪』であり，両者が適切に相まって実効的なコーポレートガバナンスが実現されることが期待されており（序文第8項），責任ある投資家としての株主と上場会社が建設的な対話を行うことで，企業価値向上に取り組むことが強く求められています。

2．なぜ株主がコーポレートガバナンスの起点となるのか

株主は他のステークホルダーと異なり，何の担保も保証もない株式という資産に投資を行い，いわば上場会社の夢の実現に賭けている人たちです。したがって，何ら保証のない株式の保有者である株主は，自らの期待がどのように実現されようとしているのかを，定期的にモニタリングする必要があります。一方，上場会社は株主の期待をしっかりと実現していく仕組みとしてのコーポレートガバナンスを構築し，それを適切に報告していくことが求められます。つまり，株主を起点としたコーポレートガバナンスの実現と情報開示は，株式会社制度，さらには資本主義を支える根幹といえます。

また，株式会社という仕組みは，それ自体が構造的に無責任性という問題を抱えています。つまり大規模化してくると社会的な影響が極めて大きいにも関わらず，法人としても株主としても有限責任であるということです。したがって，社会的影響が大きくまさに「社会の公器」である上場会社における責任のすべてを経営陣に委ねるのは適切でなく，資本の出し手である責任ある投資家もその役割分担の一端を担うべきという考え方があります。

つまり，上場会社の経営陣は日本企業の頂点にあるまさに「社会の公器」としての役割・責務を自覚し，ステークホルダーおよび社会に対して，持続的かつ中長期的に企業価値向上を実現するという指命を負った存在であるといえます。したがって，上場会社は法令を遵守し真面目に事業運営を行うだ

けでは十分ではなく，社会の変化や個社の状況に合わせて積極的に変革を行い，積極的に説明責任を果たすことが求められています。一方の責任ある投資家は「株主が短期的に儲かればよい」という考えではなく，「社会の公器」である上場会社の中期的な企業価値向上に対する責任の一端を担っているという意識が求められます。このような関係にあるからこそ，株主はコーポレートガバナンスの起点とされているのです。

このように考えると，法令により株主の権利は守られているにもかかわらず，実態としては低ROEが長期間放置されるなど，株主ガバナンスが構造的に機能していない状況は，健全な株式会社のあり方とはいえません。したがって，上場会社と株主はコーポレートガバナンスにおいて株主が果たすべき役割を意識し改革を行うことが必要といえるでしょう。

コラム③　スチュワードシップ・コードとコーポレートガバナンス・コードの関係

両コードは車の両輪ともいわれており，密接な関係を持っています。両コードを制定する上で最も参考にした英国では，不祥事が多発した1990年代初頭から，コーポレートガバナンスの本格的な整備が始まりましたが，1998年にFRC（財務報告委員会）によって制定されたコンバインド・コード（統合規範）では企業と機関投資家が遵守すべきガバナンスの原則を規定していました。それがリーマンショック後の金融危機をきっかけとして機関投資家と企業の責任をより明確にすることが必要との指摘から，投資家の行動に焦点を当てたスチュワードシップ・コードと企業向けのコーポレートガバナンス・コードに分けたという経緯があり，そもそも両コードは一体として考えられているといえます。

日本では，機関投資家が資本の出し手として企業統治への責任があるという自覚に乏しいという問題意識から，まずはスチュワードシップ・コードを制定し，次いで成長戦略の根幹であるコーポレートガバナンス・コードが制定されました。

また英国では，スチュワードシップ・コードの中でコーポレートガバナンス・コードの実施状況のモニタリングが義務づけられています（英国スチュワードシップ・コード原則3）。日本では，スチュワードシップ・コードが制定された時点でコーポレートガバナンス・コードがなかったため，それは明示されていませんが，両コードの趣旨を考えると，機関投資家は企業のコーポレートガバナンス・

コードの実施状況をモニタリングし理解するとともに価値創造に向けた対話を行うことが必要といえるでしょう。

また、企業は従来のような法的瑕疵のない情報提供だけではなく、ガバナンスに関しても投資家との対話に資するような議論の材料を提供することが必要となります。

図表1-2　英国のコーポレートガバナンスとスチュワードシップ・コード

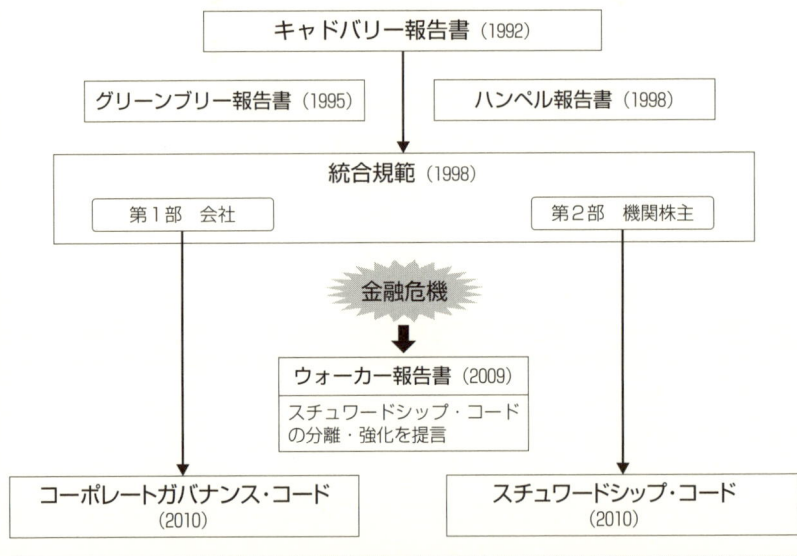

❹ 外国人投資家を意識した法令の求めを上回る対応

東京証券取引所が発表した2014年度末の投資部門別保有比率によると外国法人等が31.7％と過去最高を記録、また売買シェアにおいては6割を超えているともされ、外国人投資家の存在感はかつてないほど高まっています。上場会社が適切なバリュエーションで評価され、また株主総会においても安定的に賛成票を確保するためには、外国人投資家のガバナンスに関する考え方を踏まえた対応が不可欠となってきました。

日本企業がこれまで拠り所としてきた会社法をはじめとする企業の法制度は、戦後米国法を下に構築されたこともあり、定められたルールに適切に対応していくことが求められてきました。一方、今回導入されたコーポレートガバナンス・コードは、英国法の影響を強く受けており、ルールを守るだけでなく、高い規律意識を持って自主的に法・制度を先取りしていくことが求められています。

　今回のコードではあえて曖昧な表現や解釈の幅を残しており、最低限の対応をしようとすれば、それも可能です。逆に思い切った対応をとろうとすれば、その対応はかなりハードルの高いものとなります。従来の意識からすると、対応しすぎることによって墓穴を掘るよりも、周りを見ながら必要最低限の瑕疵のない対応を行おうという考えもあるでしょう。また、そのような対応でも法的な要件は満たすことができるようになっています。しかしながら、これは長期的に競争力の低下をもたらす可能性がある危険な考えともいえるのです。

　今回のコードはコンプライ・オア・エクスプレインという形をとっており、株主との対話の中で、最適な解を見つけていくこととなっています。しかし、多くの上場会社は、責任ある投資家との十分な対話の機会を確保できていない可能性があります。株主との対話により、世界の先進事例を常に研究し内容を高めていける上場会社と、規制の範囲で受け身の対応を行う会社では大きな差が出て当然です。海外の先進事例を当然のこととして対話を行う外国人投資家の投資対象は時価総額上位の上場会社に集中しており、多くの上場会社は自ら積極的にアプローチしない限り対話の場面が不足しています。外国人投資家から見た場合、日本のガバナンス体制は馴染みの薄いものであり、過去からの不信感も大きいものがあります。ガバナンスへの対応が遅れることは、責任ある投資家との対話の機会を失うことにもつながり、ガバナンスだけに留まらず、上場会社としての競争力自体で後れをとる可能性があります。

　当然、上場会社には最低限の責務として法令遵守があり、法令に未対応であれば制裁を受けることになります。しかし、単に規制や市場からの要請に

形式的に従っているだけでは，受け身の対応となり，コストの負担増にすぎません。むしろ，これをよい機会と捉え，法令の求めを上回る取り組みを行い，目指すところに向けた戦略と整合的なガバナンス体制を整えていくことができるかどうかで，上場会社の競争力には大きな差が出ると考えられます。

コラム④　英米に見るコーポレートガバナンスの将来像

　法令の求めを上回るために，欧米の事例を学んでおくことは極めて重要です。欧米では下記のような形式基準が理想とされており，またコードは「モニタリングボード（監督機能を重視した取締役会）」を強く意識しています。コードでは，取締役会の役割として企業戦略などの大きな方向性を示すこと，経営陣幹部による適切なリスクテイクを支える環境整備を行うこと，独立した客観的な立場から経営陣に対する実効性の高い監督を行うことを求めており，その中で独立社外取締役に大きな役割を期待していますが，これらはモニタリングボードとの親和性が高いといえます。したがって将来的には，欧米同様，

①取締役会における独立非業務執行役員の比率は5割以上（英国では社内3：社外7がよいとされています），
②CEOと取締役会議長の分離，
③独立した監査・報酬・指名委員会，
④取締役会評価（3年に一度は外部評価を入れる）

などが求められる可能性も意識しておく必要があると考えられます。

　英国ではアセットオーナー（年金基金などの資金提供者）が，アセットマネージャー（株主などの資金運用者）をモニタリング（監督）し，アセットマネージャーが上場会社の取締役会のモニタリングを行い，取締役会が経営陣のモニタリングを行うという形が明確となっています。また，スチュワードシップ・コードによって，株主が上場会社のコーポレートガバナンス・コードの遵守状況を確認し，それが遵守されていない場合には行動を起こすことが求められています。日本においては，まだそのようなことは求められていませんが，スチュワードシップ・コードが3年ごとに見直される予定であることを考えると，上場会社は2016年度決算では，より詳細な遵守状況の開示が求められるようになる可能性もあります。

2 株主は何を求めているか

1 上場会社が理解しておくべき機関投資家の分類

1．企業価値評価型の機関投資家と株価評価型の機関投資家

　株式市場にはさまざまな投資主体が存在し，それぞれが異なる投資目的を持ち，異なる投資行動をとっています。また，その行動の解説もさまざまですが，その多くは短期の株価変動についての解説となっています。したがって，上場会社の経営者から見ると株主との対話が重要といわれても，株価の上昇下落の論理と上場会社の経営戦略は一見結びつき難いと考えられます。

　株主以外のステークホルダーが数年から数十年といった期間で上場会社との関係を持つのに対して，安定株主以外の株主は数ヵ月や数日，中にはミリ秒単位のトレードの中でたまたま株主である場合もあります。したがって，株主との対話を行うにあたっては，主たる対話相手である機関投資家の特性を理解しておかなければ，ガバナンスの起点となるべき株主の意見を誤って理解する可能性もあります。

　まず，最初に理解しておくべきなのは機関投資家にも，企業価値評価型の機関投資家と株価評価型の機関投資家が存在するということです。株式投資を行うのであるから，当然株価の動きを意識しているのではないかと思われるかもしれません。もちろん株価というのはすべての機関投資家にとって重要なモニタリング情報の1つですが，株価自体を予想し投資判断を行うことと，上場会社の本源的価値を予想しそれとの比較で投資判断を行うことは，

根本的に思想が異なっています。本源的価値を予想するやり方では，中長期的にキャッシュフローを生み出す会社の品質に関心が集まります。一方，株価自体を予想する場合，どうしてもバリュエーション（典型的にはPERなど，上場会社の株価が割安か割高かを判断する指標）の変化に影響を与えるニュースフローや短期的な業績変動に関心が向きやすくなります。また，企業価値評価型の機関投資家は最低でも5年から10年の業績予想を行いますが，株価評価型の機関投資家は2期程度の予想しか行わないことが多くなります。そのため，上場会社との対話の場面でも，企業価値評価型の機関投資家が長期的な戦略や競争力の源泉を理解しようとするのに対して，株価評価型の機関投資家は足元の業績予想に変化を与えるような情報収集が中心となります。

2. 絶対リターンと相対リターン

次に，機関投資家には扱う資金の性格によって絶対リターン[1]のファンドと相対リターン[2]のファンドが存在しています。本源的価値に着目した投資で絶対リターンを目標とするファンドの場合は文字通り長期保有となる可能性が高くなります。一方，相対リターンの場合は主に投資対象ユニバース[3]の中における割安度の相対比較により投資判断を行うため，結果としての保有期間はそれほど長いものにはならない場合も多くなります。つまり上場会社から見た場合，企業価値評価型の機関投資家でも資金の性格が相対リターンの場合には，結果としての投資行動は株価評価型の機関投資家と大きくは違わない可能性があります。しかしながら，先に述べましたとおり根本的な投資に対する考え方や関心事は大きく異なっているのです。

機関投資家の分類は容易ではありませんが，日本市場では多くの機関投資家が株価評価型であり，短期的な株価変動は彼らの投資行動による影響が大きいのが現実です。また，企業価値評価型の機関投資家も大半が相対リター

---

1) 市場動向に関わらず，投資元本を増やし，絶対収益を追求することを目標としたファンド。
2) パフォーマンスの比較対象（ベンチマーク）を決め，それを上回ることを目指すファンド。
3) ある一定の運用目的に沿って選別した銘柄の集合体。

ンの資金を運用しており，企業価値評価型の中長期保有株主はエンゲージメントファンド[4]など極めて限られています。スチュワードシップ・コードの受け入れなどもあり，今後は企業価値評価型の機関投資家が増加していくと予想されますが，資金の性格が絶対リターンとなるのは容易ではありません。上場会社は保有期間や売買動向といった表面的な現象だけでなく，機関投資家の属性をしっかりと見極め，企業価値をしっかりと評価する自分たちのパートナーとなるべき機関投資家と対峙することが重要と考えられます。

2 機関投資家から見た企業価値

1．将来キャッシュフローの割引現在価値＝すべてのステークホルダーの価値の総和

株主の考える企業価値にはある程度標準化された定量的な考え方がありますが，多くの上場会社は企業価値に対する考え方が漠然としている場合が多いのではないでしょうか。企業価値評価型の機関投資家はコーポレートファイナンスの理論に基づいて考えています。しかし，上場会社は必ずしもコーポレートファイナンスの理論に基づいて考えているわけではありません。経営者の中には時価総額の拡大を目標に掲げる人もいますが，通常，上場会社が考える企業価値は株価のように短期では変動しません。また利益など財務的に目で見える部分と，ブランド，顧客からの支持，社会や地域との関係性，取引先からの信頼，人材，知財など，財務的には見えない部分があり，自分たちの会社は株式市場で考えられているよりも大きな価値を持っているはずだと考える人も多いと思われます。

伊藤レポートの作成過程などでわかってきたのは，一般に株主は企業価値を「将来フリーキャッシュフローの割引現在価値（経済的付加価値）」と考えていますが，上場会社は「すべてのステークホルダーの価値の総和」とし

---

[4] エンゲージメント（対話）を戦略的に活用したファンド。

て捉えている傾向が強いということです。

　株主がフリーキャッシュフローを重視するのは，会計的な手法によってある程度コントロール可能な利益ではなく，このビジネスを行って一体いくら手許に入るのかを表すものとしてフリーキャッシュフローが最も適切だと考えているからです。したがって可能な限り合理的な前提で将来得られるフリーキャッシュフローを予想し，それを資本コストで割引いた場合，現時点でいくらの価値があるかということで企業価値を評価しています。

　一方，上場会社は財務的なリターンだけではわからない企業価値があると考えています。何かヒット商品を出し一時的に利益を出した上場会社と，長い間の顧客との関係や社会における信頼関係によって生み出された利益は，同じ金額でもその安定感が違うでしょうし，今後の発展性も異なります。したがって，財務的な価値を単年度の利益だけで捉えると，その企業価値を財務的な価値で捉えるのは不適切であると感じるでしょう。実は，長期視点の株主からすると企業が考えるような非財務情報も併せて将来キャッシュフローの予想を行うのですが，その手法もさまざまであることからわかりにくいかもしれません。昨今急速に存在感を高めているESGを重視した投資でも非財務価値を重視することから，狭義の財務価値と非財務価値の合計で見る方法と非財務価値を反映した将来キャッシュフローから計算される財務価値を重視する方法など，株主側の企業価値算出にもさまざまな手法があります。

　ただし，上場会社の経営者，長期視点の株主双方にとって，上場会社が永続的に存在し，キャッシュフローを生み出し続けるには，顧客，従業員，知財・社会インフラなどが不可欠であり，これらのステークホルダーの存在を重視してバランスのとれた経営を行っていくことが，中長期的な企業価値の向上につながるというのは共通認識であると考えられます。

　したがって，株主は，すべてのステークホルダー全体の価値が拡大方向にあるか縮小方向にあるかというイメージは何らかの形でつかむ努力をしています。なぜならば，ステークホルダー全体の価値が高まらず，一部のステークホルダーの価値だけが拡大している状態はバランスが悪く，持続的な株主

図表1-3　企業価値の概念

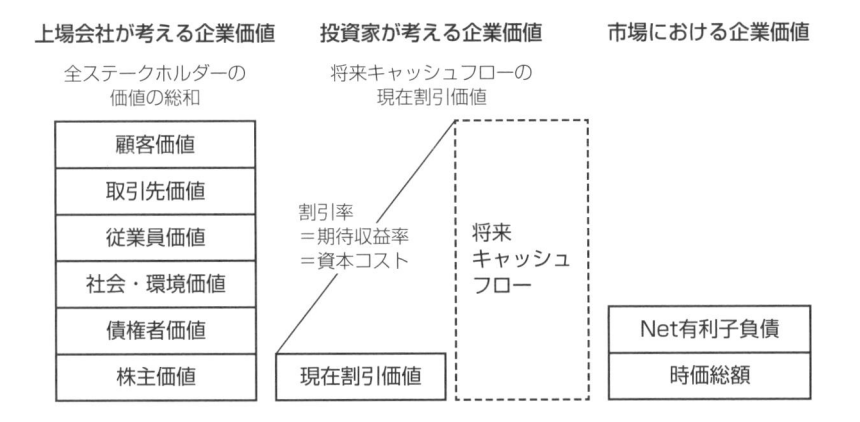

上場会社が考える企業価値
全ステークホルダーの価値の総和

| 顧客価値 |
| 取引先価値 |
| 従業員価値 |
| 社会・環境価値 |
| 債権者価値 |
| 株主価値 |

投資家が考える企業価値
将来キャッシュフローの現在割引価値

割引率
＝期待収益率
＝資本コスト

将来キャッシュフロー

現在割引価値

市場における企業価値

| Net有利子負債 |
| 時価総額 |

価値の向上は期待できないと考えるからです。しかしながら，経済的付加価値が十分得られない状態で企業活動を続けていくことも不可能です。なぜならば，資本の提供者から見て十分な利潤を生み出すことがない上場会社には，資本の提供者は存在しなくなるからです。また，各ステークホルダーに分配する価値は計測不可能なものが多く，客観的に評価することは難しいものです。特にそれを企業内部者の論理で評価した場合には，評価がお手盛りとなる可能性も高まります。すべてのステークホルダーの価値が上昇していることを確認しつつ，定量的に把握できる企業価値を上げていくことが上場会社にとって建設的であり合理的なのです。

2．企業価値と株価

　株式投資における株価評価の手法はさまざまなものがありますが，それらは基本的に企業が永続的に存在することを前提としており，単年度で無理やり一時的な利益を捻出したとしても，それによって企業価値が上がるとは考えません。株価の上昇下落は短期の利益やPER（株価収益率：1株当たり予想利益の何倍まで株価が買われているかの指標）などで説明されることが多いため，株価で示される株主価値は，あたかも短期の利益しか反映していな

いとの誤解を招くことがあると思います。しかしながら，これらの指標は上場会社が永続することを前提として，ある一定の割り切りの下，単純化した指標であり，株主価値が短期の利益のみを反映していると考えるのは不適切です。

また，市場での価値は短期の情報によって，将来フリーキャッシュフローから想定される企業価値からかい離することもありますが，短期の市場変動に対しては適切な情報開示を行うことで，企業価値を反映した価格に近づけていくことも経営およびIRの役割といえます。

▶３ 機関投資家から見た企業の成長

１．将来フリーキャッシュフローの現在価値の拡大

企業価値評価型の機関投資家が考える企業の成長とは規模の拡大ではなく，将来フリーキャッシュフローの現在価値から計算される企業価値の拡大です。

将来フリーキャッシュフローの予想を行うために必要な要素は，各機関投資家のノウハウによる部分でもありますが，大雑把にいうと「成長性（規模の拡大）」，「資本生産性（投下資本利益率）」，「持続可能性」の３つは必要となります。したがって，上場会社は成長戦略を語る上では，この３つの要素について説明することが不可欠です。

まず，第１の要素は規模の拡大です。これは売上や総資産などの拡大によってもたらされます。効率的な資本構成となっている場合，基本的には同じビジネスを続けている限り投下資本回転率は大きく変化しないため，売上高の拡大と投下資本の拡大は等しくなります。規模の拡大は，成長戦略の中で最も詳しく書かれている部分ですが，できるだけ売上・利益だけでなく，どのように戦略的投資の配分を行い，その結果，バランスシートがどのように変化するのかがイメージできるように説明することが望ましいといえます。

第２はROEなどに代表される質の改善です。これは生産性・資本効率の改善や利益変動の抑制などによってもたらされます。通常，利益率の改善は

売上高利益率の改善で達成されますが，効率的な財務運営ができていない場合は，運転資金の効率化による投下資本回転率や，財務レバレッジを高めることによっても改善が可能です。現在，株式市場で日本の優良企業と捉えられている上場会社の多くは，この重要性に気づき改善の取り組みを行ってきました。質の改善はスチュワードシップ・コード，コーポレートガバナンス・コードという2つのコードの中でも特に重要なテーマと考えられています。

第3が持続性に関する部分です。ディスカウント・キャッシュフローなどで計算される企業価値は，その大半が中期経営計画などで示される期間の後に延々と続く企業の姿をイメージして算出されます。これらは企業文化，ブランド力，CSRなどの評価なども組み合わさった総合評価ともいえます。真の優良企業は，企業の長期的な持続性を高める努力を続け，それをわかりやすく株主に対しても発信しています。長期視点の株主はこの部分の評価でそれぞれ独自の考え方を持っています。持続性の評価については後述しますが，長期視点の株主は上場会社が一時的な利益の計上や，一時的に株主還元を増やすことを望んでいるわけではありません。

日本の企業経営・人事制度は基本的に規模が成長していくことを前提としています。しかしバブル崩壊以降，経済のパイ自体の成長がスローダウンしたために，規模の拡大を前提とした経営の問題点が明らかになってきました。企業価値に関わる部分で第1の規模の部分のみにフォーカスし，第2の質の部分をやや軽視した結果，過当競争もあり，マージンの低下が続いてきました。ROEが資本コストを割れている不健全な状態が継続していることは異常であり，従来の日本型会社経営の仕組みを新しい形に作り替え，第2の質や第3の持続性に関する確信度を上げていくことが不可欠となっています。中期計画の中では，第1の規模の拡大に関しては詳しく述べられる傾向にありますが，質の改善に関しては規模の拡大の結果としての数値が示されているにすぎない場合が多く見られます。質の改善に関しては，規模の拡大や一時的なコスト削減を前提としない改善のプロセスを示すことが望まれています。

2．持続性（サステナビリティー）の評価

　企業価値評価型の株主は，中期計画を評価する際にも売上利益の達成可能性よりも計画終了後の持続可能性に力点を置いて評価しています。つまり企業価値評価型の株主は一時的な株主への配分の増加なのか，持続的な企業価値の増加をもたらす取り組みなのかを厳しく判断しています。したがって，企業価値拡大を意識した場合，上場会社は短期的なイベントを狙っている株主の考えではなく，長期で企業価値を評価する株主の考え方を理解した上で長期的に企業価値を最大化させるための計画を策定することが重要です。

　持続性（サステナビリティー）評価に関しては，多くの株主にとって試行錯誤の段階にあり，株主によって評価方法の差異が大きい分野であるといえます。特にESG評価を加味した投資は欧州を中心に拡大してきていることや，コーポレートガバナンス・コードにおいてもその重要性が述べられていることもあり，今後は日本でもスチュワードシップ活動の中でもESGが意識される可能性が高く，ESG評価を加味した投資は拡大すると考えられます。その場合，企業価値評価型の株主がサステナビリティー評価のために行っているヒヤリングなのか，株価評価型の株主がチェック項目の1つとして評価しているのかの違いは，上場会社にとって本質的には重要です。株価評価型の株主がヒヤリングを行う場合は，投資対象として一定の要件を満たしているかの確認が中心となります。一方，企業価値評価型の株主の場合は，それが将来キャッシュフローのサステナビリティーにどのように関連づけられるのかという発想となります。上場会社が企業価値を上げていくことを意識する場合，企業価値と無関係に評価項目を満たすことを考えるのではなく，そのマテリアリティ（重要性）を長期視点の株主の企業価値評価手法も踏まえて判断し，それを株主との対話の中ですり合わせながら決定していく必要があります。そのためにも，上場会社はそのディスカッションに耐え得る優良な対話先となる企業価値評価型の株主の特性を理解しておく必要があるのです。

4 株主は経営に何を求めているのか

1．ビジョンの達成に向けた戦略の方向づけとキャピタルアロケーション

　多くの日本の経営者は懸命に職務に取り組んでいますが、株主が求める経営とは違ったところに力を使い、本質的な役割を果たせていないのではないかと見られています。例えば、上場会社の説明の中でモノづくりを重視するというものがよくありましたが、どの株主もモノづくりという言葉に象徴される日本の上場会社の現場力の強さは十分評価しています。もちろん、経営者からすればそこをますます強化したい、自分たちが現場にいたときに比べて今はその力が落ちているという意識があるのだと思います。しかしながら、株主から見た場合には、優秀な従業員と強い現場力がありながら、なぜ企業価値が上がっていないのかについて経営者がしっかりと認識しているかが問題なのです。株主が考える経営は、「キャピタルアロケーション」（戦略的な経営資源の配分）と「ビジネスマネジメント」（事業運営）に大別できますが、キャピタルアロケーションの考え方のないビジネスマネジメントでは企業価値を拡大できないと考えています。したがって、企業価値の向上を語る上ではキャピタルアロケーションの考え方を明確に示し、ガバナンスも戦略との的確性を踏まえて説明する必要があります。

　キャピタルアロケーションで重要となるのは、産業構造、競争環境、時代の潮流などの変化や事業の経済性を見極めて経営資源の配分を決定することです。何をいまさらと思う経営者も多いと思いますが、日本の上場会社は、この部分に関する議論が不十分であると株主は感じています。欧米の企業の経営者の話を聞くと、まず経営者が描くビッグピクチャーを語った上で戦略の説明をするのに対して、多くの日本の経営者は今ある事業をそのまま行うことを前提とした、当面の戦術を語っているに過ぎません。また、実際に成長分野への投資が不十分であり、逆に、将来性が見込めない事業への投資を小さくない規模で継続している例が散見されます。ビジョンの達成に向けた

大きな戦略を立てた上で，戦略的な投資配分（設備投資，研究開発費，事業買収，事業提携）を決定していくキャピタルアロケーションとその明快な説明が経営には求められています。

　一方，ビジネスマネジメントとは一般的な事業運営に関わる部分です。例えば，マーケティング戦略や，商品開発戦略，製造販売戦略，人事組織戦略などがこれにあたります。これは管理職となった人たちが日常的に行ってきたことの延長線といえます。日本の上場会社は，この部分の説明をかなり詳細に行っています。株主はその妥当性は確認するものの，基本的には経営者を信頼し，その運営を委託しているという立場です。

　当然，ビジネスマネジメントの感覚がないキャピタルアロケーションは宙に浮いた話となります。しかしながら，多くの日本の上場会社はあまりにもキャピタルアロケーションの検討が不十分で，ビジネスマネジメント中心の経営が行われていると株主からは捉えられています。「戦略の方向性のない予算はないし，予算の裏付けのない戦略決定もない」といわれますが，日本の上場会社の予算管理は，既存の売上を前提としたコストの配分としての予算管理（損益計算書の考え方）が中心であり，設備投資やM&Aといった戦略的な投資の配分（キャッシュフローベースの考え方）となっていない場合が多く見られます。コストの配分は，株主から見た場合ビジネスマネジメントの一貫であり，キャピタルアロケーションではありません。ポートフォリオマネージャーは既存のポジションに拘ることなく，常にゼロベースで何が最適なポートフォリオかということを考えています。もちろん企業経営の場合に，事業ポートフォリオを組み替えるということは，株式を入れ替えるように容易なことではありません。しかしながら，今後，損失が続く可能性が高いことが予想されるビジネスに対して具体的な手段を講じることなく資金を投入し続けることは，運用の立場でいえば受託者義務違反ともいえるのです。今，ゼロから事業を始めると考えた場合に現在の資源配分は正しいかということを常に自問自答し，あるべき事業構成にしていくためのプロセスを示していくことを株主は求めています。

コラム⑤　経営者による企業価値向上へのコミットメントの重要性

　株主にもさまざまなスタイルや考え方があり，具体的に上場会社に求めていることは必ずしも一致していません。しかしながら，企業価値に着目した長期株主が共通して求めているのは，経営者による長期的企業価値の増大へのコミットです。

　アベノミクスが始まるまで，日本企業は6重苦といわれる中で苦しんできました。しかしながら，そのような環境下でも企業価値を拡大してきた上場会社はあります。そのような企業の共通点は企業価値拡大に対する経営者の強烈なコミットメントにありました。そのような背景から，コードでは，経営者が強いコミットメントによるリスクテイクを行える環境を整えるということが強く意識されています。

　現在も上場会社からはさまざまな目標数字が出されています。しかしながら，自分たちの努力だけで達成することが困難なもの，例えば，短期的な思惑により変動する株価や突発的な経済変動，天候などに左右される短期業績などをコミットすることは困難です。逆に上場会社である以上，コミットすることが必要であるのは，適切な経営を行えば達成可能な事業の経済性の持続的な改善であり，適切な目標設定を行い実行していくことです。コードの中でもコミットメントの重要性は強く意識されており，中期目標の開示と計画へのコミットメントが求められています。中期計画の目標設定の在り方についても，なにをコミットすべきなのかという観点から再検討する必要があるでしょう。

　また，当然のことですが，経営陣・従業員が一丸となって懸命に努力したにもかかわらず目標を達成できないことはあります。そのとき必要なのは(1)適切な経営判断を行っていたことの担保（社外取締役の役割）であり，(2)リカバリーするための戦略の説明です。上場会社は，この担保と説明を意識してガバナンスの仕組みを整えていくことが重要です。コードは成長戦略の中で作られていますが，成長のためには経営陣が適切にリスクテイク（コラム⑥参照）することが不可欠であり，経営陣の迅速・果敢な意思決定をサポートするための体制整備が重要となります。コードの基本原則4の考え方の中で，意思決定の合理性を担保することの重要性を損害賠償請求の問題にまで踏み込んで記述していることからもわかるように，経営者は企業価値拡大に対する強いコミットメントを行い，適切なリスクテイクによる攻めのガバナンスを実現することが強く求められています。

また，中長期で投資を行う株主にとって，適切な経営が行われたが不運にして結果が出なくても，それに対して適切な対応を行おうとしている会社は，買い増す対象でこそあれ，売却の対象ではないでしょう。もちろん議決権行使の場面でも実績が未達だからといって機械的に反対することもなく，むしろそのような経営者は応援するのが基本的なスタンスであると考えられます。

5 資本コストについての考え方

1．株主資本コストの認識が必要

　株主から見ると，多くの日本の上場会社はこの25年間に企業価値を向上させることができず，むしろ価値の毀損が続いてきました。海外に比べて日本の株式市場が劣後しているという事実は認識していても，自分たちの会社の価値が毀損してきたという認識を実感として持っている方はそれほど多くないかもしれません。なぜ，市場から見た企業価値は，上場会社の経営者が感じる以上に低下してきたのでしょうか。これを理解するためには企業活動を行う上であまり意識することがなかったと思われる株主資本コストを理解しておく必要があります。

　株主は投資をする以上，その見返りを期待しており，それが株主資本コストです。これは，普段は意識することは少ないと思われますが，上場会社が資本を調達することになった場合には必要なコストとして意識することになります。したがって，上場会社が投資の意思決定を行う際には，株主資本コストが必要なハードルレートであることを普段から意識することが必要です。しかし，多くの上場会社は負債のコストを意識することがあっても，自己資本にコストがかかっているという意識は希薄でした。しかも，株主資本コストは，通常の負債のコストよりもかなり高いため，上場会社のマージンの低下により，両者のスプレッド（株主資本利益率と株主資本コストの差）は低下し，中にはマイナス（株主資本利益率が株主資本コストを下回る状態）と

なる会社も散見されるようになりました。また，上場会社は人件費などのコスト削減により利益を確保してきましたが，単純なコスト削減は中期的な企業競争力の回復につながらない一時的な利益確保と考えられ，基本的な企業競争力の回復を伴わなければ，株主資本コストを上回る利益水準を持続できる可能性は乏しいと株主は判断しているのです。

2．資本コストのコントロールはCFOの役割

ところで，資本コストは他の金融商品や金融市場のリスク意識の変化などのよって常に変動しています。したがって，財務の責任者であるCFOは常に世界経済や金融市場の変化を観察し，リスクに応じた最適な資本構成をとることで資本コストを低下させることが求められています。

資本コストという概念はこれまで日本の上場会社の意識があまりにも低かったと市場から見られていることから，伊藤レポートの8％やISSの5％など具体的な一律の数値基準が示されていますが，本来は企業規模（規模の小さい会社はそれだけ不安定と見なされ高いコストを要求される）や負債比率（負債比率が高い企業はそれだけ不安定になるので高いコストが要求される），事業の変動性（変動の激しい事業ほど高いコストが要求される）等によっても変化します。したがって，すべての上場会社を横並びで判断することは本来適切とはいえず，各上場会社が高い理解の下，各社の状況に応じた判断をすることが求められます。また，その考え方はCFOと金融のプロフェッショナルである株主との対話における重要なテーマでもあるのです。

コラム⑥ 適切なリスクテイクとは

コードでは，経営の意思決定過程の合理性を確保することによって，経営陣が結果責任を過剰に意識しリスク回避的な行動に陥ることなく，迅速・果断な意思決定を行うことを期待しています。しかし，多くの企業関係者から見ると，「過去にもそれなりにリスクはとってきた。積極的に新規事業やM＆Aにも取り組んだ。残念ながら多くが失敗に終わったが，リスクテイクしていなかったわけでは

ない」との思いが強いのではないでしょうか。

　迅速・果断な意思決定による適切なリスクテイクとは，当然ですが，やみくもにリスクをとって成長戦略を推進するという意味ではありません。

　企業価値を考える上で重要な軸は，「資本生産性（リターン）」と「資本コスト（リスク）」の2つとなりますが，企業価値の観点から見た適切なリスクテイクとは両者の関係がポジティブになるように意思決定を行うことにあります。つまり，資本コストが同じであれば，資本生産性の上昇に向かうような取組み，資本生産性が同じであれば資本コストを低下させるような取組みが適切なリスクテイクといえます。

　具体的に3つのパターンで説明しますと，まず第1は，資本生産性を上げる取組みです。多くの上場会社では売上・利益の拡大によってそれを達成しようとします。新製品，新規事業，海外展開の加速，M&Aなど比較的派手な成長戦略が打ち出されることが特徴です。しかしながら，ここで注意しなければならないのは資本コストです。未知の事業に取り組む場合，そのリスクは既存のビジネスに比べて不透明要因が大きいため，資本コストは高くなります。ここでは，資本コストを意識しながらそれに見合った成長戦略をとっているかがチェックポイントとなります。

　第2は多くの上場会社でこれまで考えられていなかった部分ですが，資本コストを下げるというリスクテイクです。日本企業の利益を内部留保する傾向が強くキャッシュをはじめ多くの不稼働資産を保有している場合があります。これらは，景気後退期や金融危機時にはバッファーとして機能してきました。したがって，これは財務の安定性という面ではプラスに評価される一方，過剰な安全志向はコストの高い株主資本の比率が増加することによる資本コストの上昇をもたらしています。過度な安全策をとらず，バランスシートを効率化させて不要なキャッシュや不稼働資産を減らすことによって資本コストを下げる取組みも，CFOがとるべきリスクテイクといえます。

　第3は経営資源の再配分です。これは経営の本質的な仕事ともいえますが，現状を正しく理解し陳腐化しているものを陳腐化していると認め，将来性が高いと判断される事業に資源を配分していくということです。組織が持つ資源を最大の機会と成果があがると予想されるところに適切に配分することができれば，「資本生産性」と「資本コスト」の関係は改善します。そのような資源配分を行うためには，上場会社として何をなすべきかという軸がはっきりしていなければなりません。コードで経営理念の重要性が語られているのもそのためです。

成長戦略というと，どうしても第1のリスクテイクが頭に浮かぶと思います。しかし，今まずやるべきなのは第2と第3のリスクテイクでしょう。この2つをやることによって事業に対する投資のリスク・リターンの関係が整理できれば，第1のリスクテイクの成功確率も格段に向上すると考えられます。

第2部

コーポレートガバナンス・コードにどう取り組むか
―原則への具体的な実務対応例―

　コーポレートガバナンス・コードは，16項目の前文，5つの基本原則，30の原則，38の補充原則から成り立っています。各原則のレベルも，上場会社であれば当たり前といえるものから，これまで日本企業にはあまり馴染みのなかったものまで，さまざまです。コーポレートガバナンス・コードは，コンプライ・オア・エクスプレインなど新しい考え方が導入されているため，どのように開示するか，どのように説明するかに上場会社の関心が集まりがちですが，重要なのはどのようにガバナンス改革に取り組むかです。

　グローバルスタンダードを踏まえた株主のガバナンスへの考え方・発想を取り入れ，企業価値向上に資するコーポレートガバナンス改革に取り組むことこそ重要です。コンプライ・オア・エクスプレインでは，その取り組む意思と方針，できていること，まだできていないが取り組もうとしていること，その工程などを整理し真摯に説明することが重要であり，表層的に取り繕うとすることは無意味であるどころか，対話しようとする株主には上場会社の実態が透けて見えてしまうので，マイナス評価となりかねません。

　したがって，上場会社は，コードの意味するところを真摯に考え，企業価値向上のためにこれまで取り組んでいなかったことを新たに取り組みはじめ，同時に，これまで取り組んでいたことも，今一度この機会に思い切って見直しを行い，改善していくことが重要です。

　この章では，原則ごとに重要な事項に絞り，背景となる株主の考え方を踏まえ，上場会社は何を改革・改善すべきかを整理し，それらに対応した具体的な取り組みの実例を示します。

1 株主の権利・平等性の確保

【基本原則１】
　上場会社は，株主の権利が実質的に確保されるよう適切な対応を行うとともに，株主がその権利を適切に行使することができる環境の整備を行うべきである。また，上場会社は，株主の実質的な平等性を確保すべきである。少数株主や外国人株主については，株主の権利の実質的な確保，権利行使に係る環境や実質的な平等性の確保に課題や懸念が生じやすい面があることから，十分に配慮を行うべきである。

考え方
　上場会社には，株主を含む多様なステークホルダーが存在しており，こうしたステークホルダーとの適切な協働を欠いては，その持続的な成長を実現することは困難である。その際，資本提供者は重要な要であり，株主はコーポレートガバナンスの規律における主要な起点でもある。上場会社には，株主が有する様々な権利が実質的に確保されるよう，その円滑な行使に配慮することにより，株主との適切な協働を確保し，持続的な成長に向けた取組みに邁進することが求められる。

　また，上場会社は，自らの株主を，その有する株式の内容及び数に応じて平等に取り扱う会社法上の義務を負っているところ，この点を実質的にも確保していることについて広く株主から信認を得ることは，資本提供者からの支持の基盤を強化することにも資するものである。

【原則1-1　株主の権利の確保】

　上場会社は，株主総会における議決権をはじめとする株主の権利が実質的に確保されるよう，適切な対応を行うべきである。

補充原則①

　取締役会は，株主総会において可決には至ったものの相当数の反対票が投じられた会社提案議案があったと認めるときは，反対の理由や反対票が多くなった原因の分析を行い，株主との対話その他の対応の要否について検討を行うべきである。

補充原則②

　上場会社は，総会決議事項の一部を取締役会に委任するよう株主総会に提案するにあたっては，自らの取締役会においてコーポレートガバナンスに関する役割・責務を十分に果たし得るような体制が整っているか否かを考慮すべきである。他方で，上場会社において，そうした体制がしっかりと整っていると判断する場合には，上記の提案を行うことが，経営判断の機動性・専門性の確保の観点から望ましい場合があることを考慮に入れるべきである。

補充原則③

　上場会社は，株主の権利の重要性を踏まえ，その権利行使を事実上妨げることのないよう配慮すべきである。とりわけ，少数株主にも認められている上場会社及びその役員に対する特別な権利（違法行為の差止めや代表訴訟提起に係る権利等）については，その権利行使の確保に課題や懸念が生じやすい面があることから，十分に配慮を行うべきである。

1. 背景となる株主の考え方

総会議案の反対票の分析・課題認識

　議決権行使は，株主による経営に対する定期的な意思表示と位置づけられています。パッシブファンドなど売却という選択肢がないファンドは議決権行使が唯一の意思表示の場面になりますし，売却という選択肢のあるアクティブファンドであっても，個別議案に対して反対の意思表示をすることは当然あります。また，経営に不満がある場合や，社外役員の独立性に疑義がありながら反対票を投じる直接の選任議案がない場合は，反対の意思表示をするため，社長など経営トップの役員選任議案に反対する場合もあります。多くの日本の上場会社では，政策保有株主や法人株主といったいわゆる安定株主と個人株主の賛成により，機関投資家の一部が反対したとしても議案自体が否決されるケースは稀です。しかしながら，賛成多数で可決され，そのまま反対票の分析も課題認識もなければ，責任ある投資家の重要なメッセージが経営にフィードバックされておらず，株主の権利が十分に守られているとはいえません。取締役会は責任ある投資家の意見を踏まえて十分な議論を行い，改善あるいは妥当性の説明を行うべきであると考えられています。

株主総会と取締役会の位置づけ

　株主総会をはじめ，株主の権利に対する考え方は各国ごとに歴史があり，さまざまな慣習も踏まえて現在の形式となっています。日本は世界的に見ても，株主総会の位置づけが重いものとなっています。一方，欧米では，取締役会に権限が委譲されることが一般的となっています。多くの日本の上場会社は，法定の株主総会決議事項を議案上程しているのであり，必要以上に宣言的決議の議案を上程しているわけではありませんが，海外では，経営のプロである取締役が取締役会の強い権限のもと，リスクをとって機動的な意思決定をする仕組みとなっているため，日本の株主総会と取締役会の関係は，

取締役会がとるべきリスクをとらずに情報が乏しく判断能力のない株主に責任を転嫁しているようにも見られています。このため、日本の上場会社は必要以上に株主総会に意思決定を委ねるのではなく、むしろ経営陣がフリーハンドを持つ方が、より機動的な意思決定が可能になると考えられています。もちろん、当然ではありますが、そのためには取締役会の責任と責務を明確化した透明性の高いガバナンス体制の整備が必要であり、体制が不十分な状態で、法で許される限りすべての総会決議事項を取締役会に授権することが望まれているわけではありません。

少数株主の権利

日本特有の状況である親子上場の場合、支配株主である親会社や兄弟会社との慣習的な取引が、当該上場子会社の少数株主の利益を減少させているのではないかという、根強い懸念があります。

また、一般的に日本の上場会社はリーガルリスクへの意識が高く、株主の権利行使に際し、法的手続きを重視していますが、海外の機関投資家から見ると、法的に瑕疵のない手続きを徹底するがゆえに、あたかも株主権を制限しているように感じる場合もあります。具体的には有識者会議において、委任状勧誘等の場面において、株主が株主名簿の閲覧等を求めた際に、上場会社が不当に対応を遅延し、結果的に株主総会日が到来したというケースが紹介されています[1]。これは少数株主の権利行使が事実上妨げられるようなケースが生じやすいことへの注意喚起と、そのための配慮を求める一例です。当然ですが、ここでは名簿閲覧への対応など特定の場面だけで対応を行えばよいというわけではなく、常に株主の権利というものを意識しておくことが

---

1) 株主名簿の閲覧請求などの少数株主権等の行使は、請求者が現在、株主であることを証明するため、請求する株主が振替機関等に申請をし、証券会社等の振替口座の記載に基づき「個別株主通知」を企業に対し振替機関等から送付してもらう（振替法154条）。「個別株主通知」は、株主が証券会社に依頼してから、原則として4営業日後に企業に届き、4週間有効である。また、株主名簿は、個人情報なので、営利目的ではないなどの閲覧目的の確認が必要となる。このため、少数株主権等の行使では、行使手続きの案内や個別株主通知の申請・通知到着の待機、閲覧目的の確認、場合によっては個別株主通知の再発行などに時間を要し、株主提案の提出期限に間に合わないというケースがある。

求められています。

2. 具体的な実務の例

■総会議案の反対票の分析・課題認識

　これまで長年の株主総会の運営は，総会議案は可決か否決かの採決結果のみが関心事項となっていました。上場会社も株主も，賛成多数で可決承認されれば，投じられた少数の反対票の反対理由について，特段の関心が払われることは，ほとんどありませんでした。現実的にも，政策保有株主はもちろん，個人株主からも多くの賛成票が投じられ，反対票はわずか数％程度，中には1％に満たない場合もありました。

　しかしながら，近年，議決権行使で反対票を投じる機関投資家の存在力が増してきました。議決権行使ガイドラインを公表する機関投資家が増加し，2010年には，株主の意思の明確化と市場を通じた経営陣への牽制効果が期待され，内閣府令[2]により，上場会社等に総会の議決権行使結果の臨時報告書での開示が義務化されました。こうした動きから，決議結果だけでなく，賛成多数に対し少数派であった反対票も株主からの重要なメッセージとして捉え，その反対理由を分析し，必要に応じて体制や取り組みを考え直すことが求められるようになってきました。

　株価低迷や業績不振への不満などから感情的な理由で役員選任議案や役員報酬議案に反対票を投じる一部の個人株主とは異なり，機関投資家は，各社で定めた議決権行使基準や議決権行使助言会社の助言などに従って論理的に賛否判断を行っています。議決権行使基準の多くは公開されており，例えば，社外役員候補も，機関投資家等が定めた行使基準で独立性が低いと判断されると当該役員の選任議案に反対票を投じられることになります。さらに，反対する理由と直結する議案がない場合，経営トップの選任議案に反対票を入

---

[2] 『企業内容等の開示に関する内閣府令等の一部を改正する内閣府令（内閣府令 第12号）』(2010年3月31日)。

れるという行使基準を持つ機関投資家もあります。その場合，社長の選任議案の反対票がそれなりに多かった場合，果たして業績不振がその理由なのか，独立社外取締役がいないことがその理由なのかなど，上場会社には正確な理由はわかりません。

また，個人株主は，議決権行使書に反対理由などを余事記載して事前行使することがあり，ごく一部の個人株主の反対理由を知ることはできますが，多くの株主の反対理由はわかりません。機関投資家の場合は，事前行使で賛否は把握できるものの，電子行使システムそのものに理由記入欄はないため，上場会社は反対理由がわかりません。また，総会前に意見を上場会社に伝える機関投資家もほとんどいません。

これらのことから，株主との対話が十分に行われていない場合，上場会社は，議決権行使のプロセスの中で，株主の反対の理由を総会前も総会後も把握することは非常に困難です。

しかしながら，反対理由を知ることができないからといって，その理由を分析せず翌年以降の総会を迎え続けると，ガバナンスの起点ともいえる株主からの経営に対する重要なメッセージを上場会社は受け取れないことになってしまいます。

したがって，まず，機関投資家が何に反対しているのか，その理由と背景を知る努力を行い，反対理由が合理的であると判断される場合は，取り組みを改善するか，改善の方向性を説明します。逆に，反対理由が合理的でないと考えられる場合には，機関投資家が理解できるように説明する必要があります。特に，機関投資家は，通常，株主総会の場には出席しないので，総会前後に対話を行い，相互理解を深めることが重要です。

さらに，機関投資家の反対理由は総会担当者が理解するだけでなく，取締役会で課題認識することが重要です。特に，今後増加すると思われる機関投資家との対話の際に，反対理由を経営陣が把握していなかったということがないように，しっかりと取締役会で確認し，今後の対応方針を取締役会内で共有しておくことが望まれます。

〔具体的な実務対応例〕
① 従前に機関投資家の各種の議案に対する考え方を把握します。国内の機関投資家や議決権行使助言会社がWEB上で開示している議決権行使基準を参照し，基本スタンスを理解しておきます。
② 各機関投資家の議決権行使担当者や議決権行使助言会社との直接対話を行います。特に，反対の行使基準に該当しそうな議案がある場合（議案が決定されておらず，上程を検討している段階も含む），あるいは議決権行使基準における一定のROEの数値を満たさないなど，経営トップの役員選任議案に反対票が投じられることが想定される場合は，上場会社側からの議案の内容と背景の説明を行い，理解を求めるとともに，機関投資家の反応，賛否予想とその反対理由を把握します。これらの対話の結果を，総会前の取締役会などで報告。賛否予想を行うとともに，総会QAを用意します。また，状況によっては議案上程取りやめも含め，取締役会で協議します。
③ 総会後に反対票の割合の集計を行い，ガバナンス上の課題などを整理し，取締役会で，株主総会総括として報告します。反対理由に一定の合理性があり，自社の取り組みや方針が不十分であると判断された場合，今後の改善・改革の取り組み方法などを議論します。
④ 総会のオフシーズン（6月総会であれば，夏から秋ごろ）に，議決権行使助言会社や機関投資家の議決権行使担当者と，反対理由分析結果と今後の改善・改革対応などについて対話し，次年度以降の総会議案などに結びつけていきます。

機関投資家の反対意見の収集

株主総会前に，機関投資家に議案の内容と意図・背景などを説明し理解を得るためのミーティングの機会を持てば，機関投資家の考え方や課題認識を

把握できます。しかし，この総会前のミーティングの場では，機関投資家側もまだ賛否を決定していないため，上場会社側に賛否とその議決権数を正確に伝えることはありません。

一方，一部の海外の機関投資家は，総会後に保有株数と反対理由を記載したレターを上場会社に送る例もあります。このレターでは，議決権行使の基準全般について記載され，ガバナンスに対する考え方が書かれています。

上場会社は，機関投資家との直接対話に努めるだけでなく，対話の機会のない反対株主に対し，保有株数と反対理由を事業会社に伝達するように求め，反対理由と保有株数などを上場会社の総会担当者に連絡する方法を自社サイトに掲出することも望ましいと考えます。

株主総会決議事項の取締役会への授権

日本の上場会社は海外企業に比して幅広い事項を株主総会にかけているという有識者会議での指摘を受けて，コーポレートガバナンスに関する役割・責務が十分に果たされているようであれば，会社法上許容される範囲で，一部の株主総会決議事項を取締役会に委任するよう提案することも一案であるとの考え方が示されています。

具体的には一部の企業で「自己株式の取得」「剰余金の処分」などが定款で定めることにより，総会決議事項から取締役会に授権されています。特に，「自己株式の取得」は，株主総会決議を待たず，株価の状況などにより機動的に自己株式の取得を決定した方がよいため，多くの上場会社が取締役会に授権しています。また，「剰余金の処分」については，取締役会決議とすれば，期末配当の支払いが総会での決議を待たず，決算日後すみやかにできるというメリットもあります。

しかしながら，基本的に株主権の縮小となる議案に対しては，賛同しない投資家が多いと考えられます。単に総会で諮らないで済むからという安易な理由で取締役会への授権とならないように，取締役会授権とする合理的な理由と，少数株主の利益代表として取締役会を監督する体制の整備が必要です。

例えば，「剰余金の処分」の決議を株主総会から取締役会に授権する場合，配当の決定権が株主の手から離れることとなるため，議決権行使助言会社ISSの議決権行使助言基準[3]では，指名委員会等設置会社もしくは監査等委員会設置会社（それらの形態への移行が提案される場合も含む）で，かつ配当の株主提案権が排除されない場合でない限り，原則反対となります。資本政策，利益還元方針・配当方針を定め，配当額の客観的合理性を取締役会で判断できる透明性の高い体制が確立されて初めて取締役会授権を総会に諮るべきと考えられます。

　また，「役員賞与」は，すでに株主総会で決議している役員報酬枠内であれば，固定報酬と同様に取締役会決議で支給額を決議することができます。しかしながら，原則4-2でインセンティブ型報酬の設計を望まれており，年間などの短期業績に連動する報酬である「役員賞与」を取締役会決議に授権するためには，お手盛りとならないように，支給額を決定するための算定条件や支給条件，支給額を決定するための客観的合理性の担保をどのように確保するかを明確にすることが必要と考えられます。

　これらのことから，株主総会決議事項を取締役会授権するためには，少数株主の立場から取締役会決議の客観性・合理性を担保する独立社外役員の体制を充実した上で，取締役会に授権する理由や政策そのものを，上程する総会の招集通知に加え，有価証券報告書やアニュアルレポート，自社サイトなどでも公表することが望ましいと考えられます。

株主提案の手続き，法定書類の閲覧・謄写請求の手続き

　少数株主権のうち，有識者会議で課題認識としてあがった「株主提案の手続き」「法定書類の閲覧・謄写請求の手続き」については，単元引下げにより株主提案のハードルが低くなったことから，増加が想定されます。上場会社の総会担当者からすれば，後ろ向きになりがちな少数株主権の行使ですが，

---

[3] http://www.issgovernance.com/file/policy/2015japanvotingguidelines-japanese.pdf

実際に行使された場合，正確な法的手続きが踏めるように事前に確認し，株主に手続き方法を告知しておくことは重要です。具体的には，法定書類の閲覧・謄写請求の内容と請求理由，株主名，保有株数などの所定の事項を記入する書式を用意し，提出先と手続き方法を掲載しておきます。

図表2-1　少数株主権の行使のための手続き方法の案内例

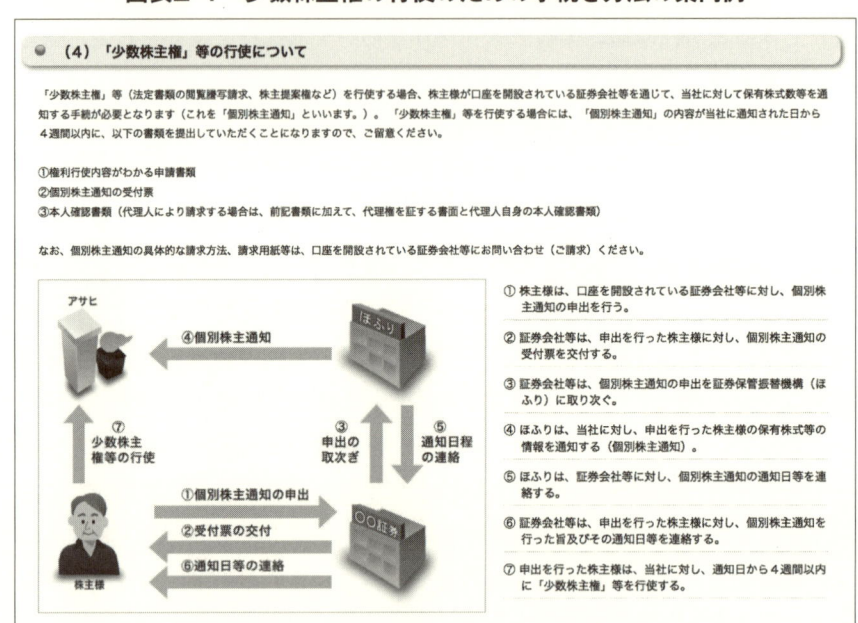

- **(4)「少数株主権」等の行使について**

「少数株主権」等（法定書類の閲覧謄写請求、株主提案権など）を行使する場合、株主様が口座を開設されている証券会社等を通じて、当社に対して保有株式数等を通知する手続が必要となります（これを「個別株主通知」といいます。）。「少数株主権」等を行使する場合には、「個別株主通知」の内容が当社に通知された日から4週間以内に、以下の書類を提出していただくことになりますので、ご留意ください。

① 権利行使内容がわかる申請書類
② 個別株主通知の受付票
③ 本人確認書類（代理人により請求する場合は、前記書類に加えて、代理権を証する書面と代理人自身の本人確認書類）

なお、個別株主通知の具体的な請求方法、請求用紙等は、口座を開設されている証券会社等にお問い合わせ（ご請求）ください。

```
     アサヒ           ④個別株主通知      ほふり
                  ←───────────
                                        ③         ⑤
                                        申出の    通知日程
  ⑦                                     取次ぎ    の連絡
  少数株主
  権等の行使
                     ①個別株主通知の申出
                  ───────────→
                     ②受付票の交付        ○○証券
                  ←───────────
     株主様          ⑥通知日等の連絡
                  ←───────────
```

① 株主様は、口座を開設されている証券会社等に対し、個別株主通知の申出を行う。
② 証券会社等は、申出を行った株主様に対し、個別株主通知の受付票を交付する。
③ 証券会社等は、個別株主通知の申出を証券保管振替機構（ほふり）に取り次ぐ。
④ ほふりは、当社に対し、申出を行った株主様の保有株式等の情報を通知する（個別株主通知）。
⑤ ほふりは、証券会社等に対し、個別株主通知の通知日等を連絡する。
⑥ 証券会社等は、申出を行った株主様に対し、個別株主通知を行った旨及びその通知日等を連絡する。
⑦ 申出を行った株主様は、当社に対し、通知日から4週間以内に「少数株主権」等を行使する。

出所：アサヒグループホールディングス　ホームページ
　　　(http://www.asahigroup-holdings.com/ir/shareholders_guide/procedure.html#04)。

【原則1−2　株主総会における権利行使】

　上場会社は，株主総会が株主との建設的な対話の場であることを認識し，株主の視点に立って，株主総会における権利行使に係る適切な環境整備を行うべきである

補充原則①

　上場会社は，株主総会において株主が適切な判断を行うことに資すると考えられる情報については，必要に応じ適確に提供すべきである。

補充原則②

　上場会社は，株主が総会議案の十分な検討期間を確保することができるよう，招集通知に記載する情報の正確性を担保しつつその早期発送に努めるべきであり，また，招集通知に記載する情報は，株主総会の招集に係る取締役会決議から招集通知を発送するまでの間に，TDnetや自社ウェブサイトにより電子的に公表すべきである。

補充原則③

　上場会社は，株主と建設的な対話の充実や，そのための正確な情報提供等の観点を考慮し，株主総会開催日をはじめとする株主総会関連の日程の適切な設定を行うべきである。

補充原則④

　上場会社は，自社の株主における機関投資家や海外投資家の比率等も踏まえ，議決権の電子行使を可能とするための環境づくり（議決権電子行使プラットフォームの利用等）や招集通知の英訳を進めるべきである。

> **補充原則⑤**
> 　信託銀行等の名義で株式を保有する投資家等が，株主総会において，信託銀行等に代わって自ら議決権の行使等を行うことをあらかじめ希望する場合に対応するため，上場会社は，信託銀行等と協議しつつ検討を行うべきである。

1. 背景となる株主の考え方

株主から見た日本の株主総会運営の問題点

　株主総会は，議決権行使等を通じて上場会社に対して株主が意見を表明できる貴重な機会であるとの基本認識に立ち，主に株主の議決権行使のための環境整備を求めています。

　日本の上場会社は，会社法施行規則に則り，瑕疵がない法的手続きを最大限に重視した株主総会運営を行っており，関係団体・証券代行機関等が提供する総会日程案や運営集，法定書類のひな型などを参考に，2～3か月かけて準備しています。

　しかしながら，多くの上場会社の総会が一時期に集中することや，株主名簿に記載された名義株主を前提とした法定の総会日程では，信託銀行やカストディアンの名義で実質保有する機関投資家にとって招集通知の検討期間が短く，また開催日の集中によって総会の出席も困難であるなど，実質的には株主の権利が制約されていると考えられています。

招集通知の情報開示不足と有価証券報告書等の参照の手間

　日本の多くの上場会社は，会社法施行規則に沿ったひな型どおりに招集通知を作成しています。上場会社にとっては，ひな型を利用するのは複雑で多岐にわたる法定記載事項を瑕疵なく適切な箇所に適切な表現で記載できるからですが，逆に，法定記載事項以外の事項の記載は十分ではなく，記載事項

も抽象的で表層的な記述となりがちです。

　一方，海外の招集通知は，ガバナンス部分の記載は情報が豊富です。例えば，役員報酬に関する情報では，個人別報酬額だけではなく，個人別の報酬制度の詳細な説明や，役員選任議案でも選任理由が記載されている例も見られます。

　日本の上場会社においては，役員報酬の個人別支給額や，選任議案がない任期中の役員の保有株数や経歴は，有価証券報告書に記載されていますが，有価証券報告書は総会前には開示されておらず，しかも英訳されていません。独立役員の独立性の判断理由や「現体制を選択している理由」は，コーポレートガバナンス報告書に掲載されていますが，更新の時期は一定でないなど，総会前に手にすることができる招集通知からだけでは必要な情報を十分に得ることができません。

　豊富なガバナンスに関する情報が掲載されている欧米の開示資料を見慣れている外国人投資家にとって，日本の招集通知は情報開示が十分ではないと考えられています。

議案の検討期間の短さ

　名義株主に向けた法定の招集通知の発送日が株主総会開催日の2週間前であり，名義株主からの通知を待つ実質株主の機関投資家は，さらに短い期間で招集通知を検討しなければなりません。特に海外の機関投資家にとって，上場会社が招集通知を発送してから，常任代理人やカストディアンを経て招集通知の情報を入手するまですでに多くの時間が経っており，議決権行使の指示も同じルートで戻っていくことを考えると，検討期間は実質1週間未満となります。しかも日本語の招集通知しかないと十分な理解もできません。

　したがって，機関投資家は，カストディアンを経ずに招集通知を見ることができ，議決権行使も総会前日まで電磁的に行えるICJプラットフォーム等の利用を望むことが多くなっています。これにより，プラットフォームを利用しない場合と比べ，約1週間は検討時間を確保することができるからです。

図表2-2　議決権行使の流れ

●通常の議案伝達・行使結果フロー

```
発行会社（株主名簿管理人）
    ├── 個人
    ├── 国内金融機関
    │   事業法人等
    ├── 管理信託銀行 ── 国内機関投資家
    └── 常任代理人
        └── 海外金融機関
            （グローバルカストディアン）
            └── ウェブ経由 ── 海外機関投資家
```

凡例：
↓ 議案伝達フロー
↑ 行使結果フロー

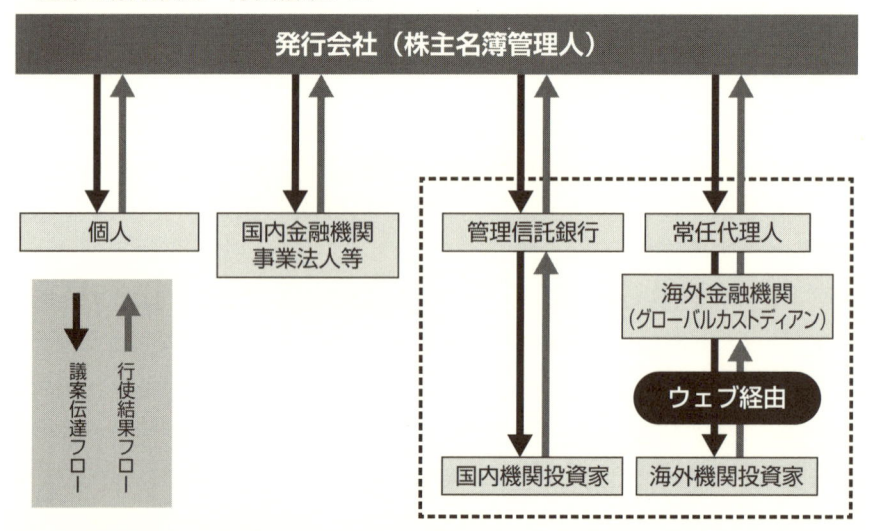

●プラットフォームを利用した場合の議案伝達・行使結果フロー

```
発行会社（株主名簿管理人）
    ├── 管理信託銀行
    ├── 常任代理人
    └── 海外金融機関
        （グローバルカストディアン）
            ↓
        プラットフォーム（PF）
            ├── 国内機関投資家
            └── 海外機関投資家
```

凡例：
↓ PF伝達フロー
↑ PF結果フロー

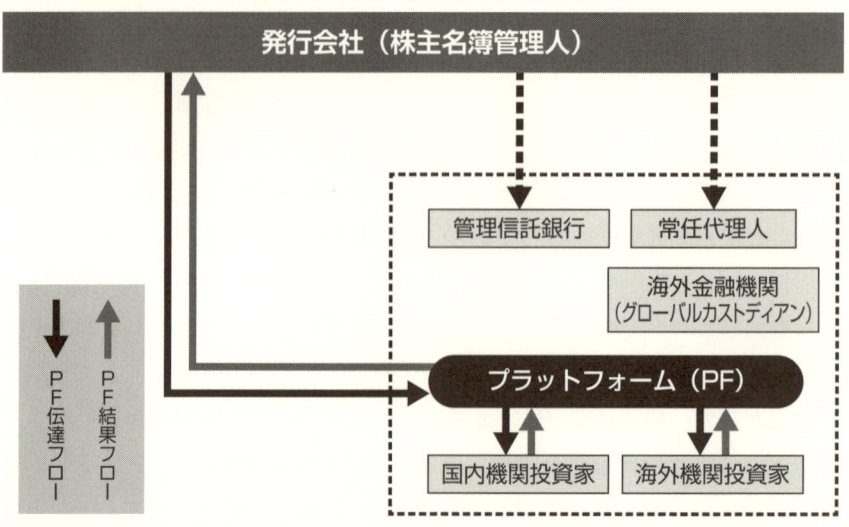

出所：株式会社ICJ　議決権電子行使プラットフォーム（http://www.icj.co.jp/participation/plat.html）。

図表2-3　株主総会日程の国際比較

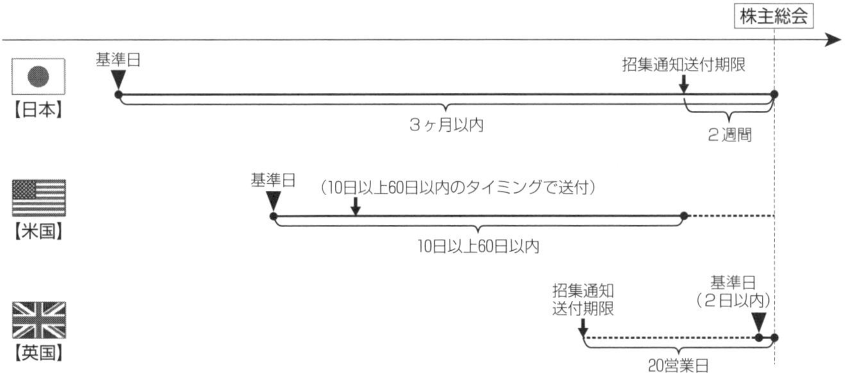

【日本】基準日 ——— 3ヶ月以内 ——— 招集通知送付期限 — 2週間 — 株主総会

【米国】基準日 ——— 10日以上60日以内（10日以上60日以内のタイミングで送付）——— 株主総会

【英国】招集通知送付期限 — 20営業日 — 基準日（2日以内）— 株主総会

出所：経済産業省・持続的成長に向けた企業と投資家の対話促進研究会（2015），別冊①基礎資料編，106ページを一部修正。

また，ICJプラットフォームを利用しない場合でも，招集通知のPDF版（日本語版，英訳版）を自社サイトやTDnetに掲載されれば，機関投資家は招集通知の情報を早く入手できます。

機関投資家の株主総会への出席要望

株主総会に出席する株主は，基準日時点の株主名簿に記載等された1単元以上の株式を保有する名義株主とされ，株主名簿には記載等されていない実質株主には議決権の事前行使が認められ，信託銀行等の名義株主による不統一行使ができるものの，総会への出席は明文化されていません。

実質株主判明調査を行う会社もありますが，法制度上"実質株主の株主名簿"が整備されているわけではないので，会社は実質株主を正確に把握する手段がありません。

また，総会の騒乱を防ぐため，総会に出席できる代理人は株主に限るとの定款（資格制限規定）を定めている会社が大多数を占めています。

そのため実質株主である機関投資家の総会出席が，法制度上明確でないことが問題となっています。

機関投資家は，通常，総会以外の場で十分対話の場を持っているため，必ずしも総会への強い出席意欲を持っているわけではありません。しかしながら，海外では，機関投資家は総会への出席は当然であり，日本のように出席する権利が明確に定まっていないということは，株主権の著しい侵害であると捉えられています。一部の上場会社は，独自の運営方針を設けて出席を認めていますが，その運用も，信託銀行等の名義株主が保有していることを証明した場合は総会会場に入場させ発言も認めるという上場会社から，総会会場への入場は認めないが，モニタールームで総会を見学させるという上場会社や，見学もふくめ一切認めない上場会社など対応がまちまちです。また株主にとっては，本当に総会に出席して発言し，当日の議決権行使をしたい場合に，それが可能かどうか不明であることも，ガバナンスに関心の高い機関投資家の間では問題となっています。

2. 具体的な実務の例

招集通知の任意記載の充実

　招集通知の法定記載事項だけの情報では十分な議案の賛否判断ができず，招集通知以外の複数の開示書類を参照しなければならない機関投資家の実情を考え，総会前の短期間に機関投資家に適切な賛否判断をしてもらうため，上場会社が必要と考えられる情報については，招集通知に任意記載することが望ましいと考えられます。特に，コーポレートガバナンス報告書等での開示を求められる原則である11項目の要点を招集通知に任意記載することは主旨に合致していると考えられます。

　例えば，以下のような情報の任意記載が考えられます。

〔事業報告〕
- 直前三事業年度の財産および損益の状況

  上場会社が何を重要な経営指標と考えているかとその数値の推移を示すために，総資産または純資産，売上高，当期純利益，1株当たり当期純利益のほかに，中期計画などで目標として設定している重要な経営指標項目を記載します。例えば，営業利益，営業利益率，ROE，包括利益，自己資本比率，キャッシュフローなど。有価証券報告書の「主要な経営指標等の推移」の項目と一致させることも考えられます。（原則3-1(i)，5-2，1-3）

- 対処すべき課題

  事業の推進のために克服すべき当面の主要課題のほか，中長期的な企業価値向上の基礎となる経営理念，行動準則，中長期的視点の課題や中期計画・戦略，リスクと機会となるサステナビリティーを巡る課題などを記載します。（原則2-1，2-2，2-3，3-1(i)）

- 株式の状況

  当該事業年度の末日において自己株式を除く発行済株式総数に対する株式の保有割合の高い上位10名の株主のほか，発行可能株式総数，発行済株式の総数，当該事業年度末の株主数などの会社法施行前の営業報告書記載事項を任意記載する上場会社は多く見られますが，この大株主の状況と対比することで，持ち合いの状況（投資額が少ないことなど）を示すため，有価証券報告書記載事項である「純投資目的以外の目的で保有する株式の銘柄数および貸借対照表計上額の合計額」「同上位30銘柄」と，「政策保有に関する方針」具体的な保有の狙い・合理性，「政策保有株式に係る議決権の行使について，適切な対応を確保するための基準」（原則1-4）などを記載します。

- 会社役員に関する事項

  コーポレートガバナンス報告書等での開示を求められる原則への遵守

状況や説明を行うため、コーポレートガバナンスの方針や取り組み、それぞれの状況などを網羅的に記載します。

例えば、「コーポレートガバナンスに関する基本的考え方・基本方針」（原則3-1ⅱ）、「経営陣幹部と役員選任（指名）の方針・手続き」（原則3-1ⅳ）、「経営陣幹部と役員選任（指名）の際の、個々の選任・指名についての説明」（原則3-1ⅴ）、「取締役会の役割・経営陣に対する委任の範囲の概要」（補充原則4-1①）、「３分の１以上の独立社外取締役を選任することが必要と考える上場会社の取組み方針」（原則4-8）、「独立社外取締役となる者の独立性をその実質面において担保することに主眼を置いた独立性判断基準」（原則4-9）、「社外取締役・社外監査役の他の上場会社の役員の兼任状況」（補充原則4-11②）、「取締役会全体としての知識・経験・能力のバランス、多様性及び規模に関する考え方」（補充原則4-11①）、「取締役会全体の実効性についての分析・評価の結果の概要」（補充原則4-11③）、「取締役・監査役に対するトレーニングの方針」（補充原則4-14②）、「関連当事者間取引に関する適切な枠組み」（原則1-7）、「株主との建設的な対話を促進するための体制整備・取組みに関する方針」（原則5-1）などを記載します。

特に、「社外取締役・社外監査役の他の上場会社の役員の兼任状況」は、機関投資家にとって、役員選任議案における社外役員の独立性の判断のための重要な情報となることから、上場会社の役員のみならず、他の法人等の業務執行者も含め、その兼任先との取引・寄付・報酬などの額、株式保有や役員の相互派遣などの状況、退任した兼任先の退任時期などの記載が考えられます。議決権行使助言会社は、これらの兼任先との取引・寄付・報酬などの具体的な額や割合、取引のある兼任先を退任した場合はその退任時期を明確にするなど、独立性の高さを具体的に示すように求めています。

なお、「役員の氏名、地位および担当等」では、原則2-4に関連し、各会社の役員の男女別人数及び女性比率の記載を義務付ける「企業内容

等の開示に関する内閣府令の改正[4]」を踏まえ，役員の男女別人数と女性の比率を記載します。

また，「取締役，会計参与，監査役又は執行役ごとの報酬等の総額」には，法定記載事項のほか，コードで開示が求められている「役員報酬の決定方針・手続き」（原則3-1ⅲ）とともに，有価証券報告書に記載する「役員ごとの連結報酬等の総額等」を記載します。

さらに，改正会社法の施行規則により，2017年5月1日以降，親会社等との間に一定の利益相反取引が行われた場合に事業報告等への記載が義務化される「親会社等との間の取引に関する事項」の欄に，コードで開示が求められる「関連当事者間取引に関する適切な枠組み」（原則1-7）を記載することも考えられます。

〔株主総会参考書類〕

- 取締役・監査役選任議案

 法定の記載事項のほか，社外役員候補だけでなく，社内の役員候補も選任理由を記載（原則3-1ⅴ）。また，各候補の略歴，地位および担当等のほか，補充原則4-11①の主旨を鑑み，相当程度の知識・経験・能力などを整理して記載します。

 これらの記載事項は，有価証券報告書の「コーポレートガバナンスの状況」などとも記載内容を一致させることが望ましいといえます。機関投資家にとっては複数の資料を見なくてもよいというメリットに加え，企業担当者の作成実務としても，法定書類ごとに記載内容を変えるより，同じ項目はどの書類でも同じ記載をした方がミスもなく表現を悩まなくてよいからです。

---

[4] 平成26年10月23日『企業内容等の開示に関する内閣府令等の一部を改正する内閣府令（内閣府令 第70号）』

■招集通知の英訳，ICJ議決権行使プラットフォームの利用

　ICJ議決権行使プラットフォームの利用は約400社にとどまっており，普及が進んでいるとはいえません。一部の上場会社のみが活用しているという状況では，事務の二重化などの問題から機関投資家はプラットフォームを十分活用できずにいます。ICJプラットフォームの活用に関しては今後普及が後押しされる可能性もあり，早期の対応が求められます。招集通知を英訳し，海外の実質保有株主へ送付を行う会社は増加していますが，外国人投資家の増加により今後ますます重要になると考えられます。

　招集通知の英訳版作成に関して留意すべきことは，読み手となる外国人に理解されやすい英訳を心掛けることはもちろんですが，招集通知作成時から外国人株主も意識した作りを心掛けることも必要です。例えば，役員に女性がいる場合，日本人には名前で男女の判別がおおよそできますが，外国人には，ローマ字の名前だけでは男女の判別がつかないので，役員選任議案に写真を掲載することなども，効果的な工夫といえます。

■招集通知の発送前WEB掲載

　現在，一般的に上場会社は株主総会の前月に取締役会を開催し，総会招集決議と事業報告・計算書類等の承認を行っています。決算日以降の作業の流れや外部会計監査人の監査時間の確保のため，必然的にこの時期となり，この取締役会決議後に招集通知の印刷を開始し発送準備に入ります。このため，どんなに早期発送に向けて努力しても，総会の3週間から1か月前の発送が限界となっています。法定の2週間前よりは1週間程度長く，上場会社としては最大限努力して機関投資家の検討時間を確保しているのですが，信託銀行から機関投資家への伝達，議決権行使の指示を考えると，総会時期の集中と併せて，機関投資家にはまだ十分な検討期間があるとはいえません。

　そこで，上場会社は，国内外の機関投資家の多くや議決権行使助言会社がICJプラットフォームなどインターネット経由で招集通知データを受け取っているという実態を考慮し，取締役会決議後から印刷・封入に係る約1～2

週間の作業期間を発送までの待機期間とせず，取締役会決議後すみやかに自社サイトやTDnet，ICJプラットフォームなどに招集通知のPDFファイルを掲載する「招集通知の発送前WEB掲載」を実施することが望まれています。これにより，株主は，実質的に総会4～5週間前に招集通知の情報を手にすることが可能となります。

　招集通知は，情報開示資料のため，未開示の重要事実が含まれていないか，考慮する必要があります。招集通知で開示する可能性のある重要事実は，代表取締役となる予定の取締役候補者や期末配当の金額，ストックオプションの付与枠，あるいは特殊なケースとして総会で承認を得なければならない組織再編や種類株発行などが考えられますが，いずれも取締役会での機関決定時には適時開示しなければならないものです。したがって，この取締役会後にWEBに掲載する招集通知には，すでに重要事実はないと考えられます。上場会社の株式実務担当者の間では，株主に書面の招集通知を発送する前に一般に公表してよいのかという議論がありましたが，コードでも方向性が示されましたので，すみやかに対応すべきであると考えられます。

　なお，会社法上の手続きは，あくまで招集通知の発送であって，議決権の事前行使開始は発送日に合わせます。したがって，発送日は狭義の招集通知に記載し，手続きを整合しておく必要があります。また，TDnetや自社サイト，ICJプラットフォームに招集通知のPDFファイルを掲載する際には，外国人機関投資家のために英訳版も用意し掲載することが望まれます。

▎機関投資家の株主総会への出席

　一部の会社では，運用で実質株主の総会出席を認めたり，事前行使を済ませた上で総会をモニターさせたりすることを認めています。その代表的な運用方法は，信託銀行等の名簿上の株主が，実質株主に実質保有の証明を発行し，事前に会社に総会出席の希望を伝えた上で，その証明書を持って総会に出席できるとするものです。ただし，総会決議結果の臨時報告書提出が義務化されているため，会社は，事前行使と当日主席の議決権のダブルカウント

は避けなくてはなりません。したがって，実質保有の証明だけでなく，議決権事前行使をしていないとする証明が必要となると考えられます。

　コードでは，実質株主の株主総会への出席や議決権行使を必ず認めなければならないとしているわけではありませんが，希望があった場合に備えて，事前に対応を検討することを求めています。機関投資家は，前述のとおり，対応が不明であることを問題としていることから，上場会社は，手続き方法を事前に定め，自社サイトなどに掲載し，総会出席方法を明確にしておくことが求められます。なお，今後，この運営手続きは，証券代行機関などで整えられていくことも予想されます。

【原則1-3 資本政策の基本的な方針】

上場会社は，資本政策の動向が株主の利益に重要な影響を与え得ることを踏まえ，資本政策の基本的な方針について説明を行うべきである。

1. 背景となる株主の考え方

資本政策の重要性と内容

長期視点の株主にとって，資本政策の基本方針は，企業価値を測定する上で重要な基本情報であり，上場会社にはコーポレート・ファイナンスの理論を踏まえた回答が望まれます。コードが，日本の株式市場の低迷や資本効率の低さといった問題意識により収益力，資本効率等の向上という視点を取り入れていることを踏まえると，今回のコードの中でも最も注目されている原則の1つとも考えられます。

資本政策という言葉は多義的に用いられていますが，ここで株主が求めている「資本政策の基本方針」とは，主に資本効率，資本コスト意識した資本構成についての考え方が中心となります。したがって，エクイティファイナンスや自社株買いの実施計画のような個別の具体策ではなく，それら具体的な資本政策の基礎となるべき基本方針を説明することが求められています。また，近年のトレンドを考えると，中期的な成長率と最適資本構成の考え方によって導かれる株主還元方針を含めた説明も期待されていると考えられます。

コーポレート・ファイナンスでは，ビジネス特性を踏まえて企業価値を最大化させる資本構成を「最適資本構成」と呼び，資本構成の在り方で資本コストが決まるため，将来キャッシュフローの現在価値から求められる企業価値に影響を与えると考えています。日本の上場会社は財務が健全であればあるほど良いといった資本政策をとっている上場会社が多く，財務の健全性が

損なわれない範囲でできるだけ資本コストを下げるべきと考える株主の考え方と大きなずれが生じています。

最適資本効率に関しては業種などにより大きく異なります。例えば，公益事業のように，安定したキャッシュフローが期待できる事業であれば高いレバレッジが許容されますし，逆に景気による利益変動の激しい事業では保守的なB/Sが求められます。格付けに関しても高ければ高いほど良いということではなく，格付けの高さが必要とされる事業なのかどうなのかを考える必要があります。このような考え方次第で最適資本構成と資本コストの考え方が変わってきます。

また，上場会社の経営指標としてROEがかつてないほど注目を集めていますが，ROEは最適資本構成とも不可分の関係にあり，ROEの目標設定は利益水準だけでなく，最適資本構成の考え方によって大きく影響されます。

株主還元方針に関しては最適資本構成を長期的に維持するという考え方に基づき決定されるべきと考えられ，これらが一貫性を持って語られることを株主は望んでいます。

2. 具体的な実務の例

資本政策の基本方針の策定

この原則は東証コーポレートガバナンス報告書での開示を求められる11の諸原則ではありませんが，原則3-1(i)における経営計画の中で説明することが望ましい項目です。また，資本政策の基本方針は，原則1-4「いわゆる政策保有株式」から原則1-6「株主の利益を害する可能性のある資本政策」の前提となるものであり，今後行う個別の具体的な資本政策が基本方針に沿ったものかどうかを，常に株主はチェックしていることを意識する必要があります。

さらに，資本政策の基本方針は，経営の基本方針などとの整合性も問われます。したがって，この基本方針は個別の上場会社ごとに特徴が現れるべき

であり，定型文言による文章で対応すべきものではありません。

これらのことを踏まえ，資本政策の基本方針で定めるべき具体的な内容は，次の２項目となります。

①事業特性を踏まえた負債と資本のバランスの考え方

コードで重要なテーマとなっている資本生産性の向上を果たすには，資本コストに対する考え方が重要です。負債を減らし資本を厚くして財務体質を健全にすることは，一方で資本コストの上昇につながる場合もあり，事業特性を踏まえていかに資本コストを適正に調整するのかが重要となります。

例えば，市場の変化が激しいためキャッシュフローが赤字となる期間が継続することがある事業の場合は，資本を多めに持つ必要があります。逆に安定した収益を得られる事業の場合は，資本を多めに持つ必要はありません。また，安定した収益を得られる事業であっても，大きなプロジェクトやジョイントベンチャーなどに参加する場合で，顧客から一定の格付けを要求されるような場合には，格付けを獲得するために必要な財務体質を維持する必要がある場合もあります。なお，日本の上場会社の場合は，競合他社の状況を意識し，必要以上に資本を厚めにしている場合も多く見られます。

現在の事業特性と今後の事業展開を考え，目標とする資本コストを踏まえて，適切な負債と資本のバランスとなる自己資本比率の目安を定めることが重要です。

②資金調達の考え方

ポイントは株主資本コストを考えた資金調達を行っていることです。極端に保守的なB/Sを目指すのではなく，事業特性に応じたキャッシュの持ち方をしていること，そして，事業特性を踏まえ，短期的な資金の調達方法と長期的な資金の調達方法の考え方，必要となる格付けなどの方針を定めます。

また，資本政策の基本方針と，関連して株主還元方針を示すことも効果的です。株主還元方針は，中期計画の中などで開示していることが多く見られ

ますが，資本政策の基本方針と併せて示すと関連性がわかりやすくなります。利益の還元方針を，資本政策との関連性の中で語ることによって，資本コストを意識しない内部留保が積み上がるとの懸念がなくなる点で，資本市場からの評価が得られると考えられます。

　なお，その際，配当性向などの具体的数字をコミットするのではなく，中期的な目処を示した上で，あるべき負債と資本の最適バランスとしてのターゲットと必要な成長投資を差し引いた余剰キャッシュに関しては株主に還元していくという基本方針を示すことが重要です。

> **コラム⑦　内部留保は資本コストの観点からは増資と同義**
>
> 　上場会社が上げた利益は配当と内部留保に分けられます。内部留保は自己資本の増加を意味しますから，企業価値上は増資による自己資本増加と同じ意味を持ちます。増資というと発行済株式数の増加による1株当たり利益の希薄化をイメージするかもしれませんが，企業価値の面からは投下資本の増加と株主資本コストの上昇を意味します。増資を行う際には，その資金使途が問われ，しっかりとした成長ストーリーがあり，既存ビジネスと同等またはそれ以上の利益を上げることが求められます。
>
> 　内部留保もそれとまったく同じであり，配当を行わずに上場会社に内部留保される資本は少なくとも既存ビジネスと同等のリターンが要求されています。内部留保が事業資産に投資されることなく現金のまま置かれていた場合，それが売上・利益につながることはありません。上場会社の内部留保は，常に成長に向けた投資に向けられることが望まれているのです。

コラム⑧　上場会社の配当還元方針をどのように伝えるか

　上場会社が現在のROEの水準を維持するためには，内部成長率（自己資本の成長率）と利益の伸びが一致している必要があります。つまり，ROEが10％の上場会社で配当性向が30％だとすると，毎年7％の成長が続けられるかという観点から配当性向を考える必要があります。

　また，利益の変動が激しい会社では目標配当性向を忠実に実施した場合，配当額自体が毎年大きく変動することにもなります。これは配当に対して株主がある程度の安定性を期待しているとすると好ましいことではありません。そのような株主のニーズを考えた場合，DOE（自己資本配当率）によって配当方針を示すのも一案です。DOEを目標とした場合，自己資本は上場会社の内部成長率とリンクして増加していきますから，配当額もそれに応じて増加していくこととなります。株主が配当に求めるものが安定成長であることを考えると配当政策としては株主のニーズに合っているといえるかもしれません。また，ROEからDOEを引くと，自己資本の増加率となりますから，上場会社の成長率とリンクさせた説明が容易になります。DOE自体はROEと配当性向の掛け算となりますから株主からすると容易に計算できるものではありますが，結果として理解するのではなく目標として示すことで，上場会社が株主資本コストを意識している証左として捉えられると考えられます。

　配当性向がその期に上げた利益を上場会社と株主で山分けするというイメージとなるのに対して，DOEは中期的な企業成長とROEを踏まえた分配と捉えられるという意味でもわかりやすい指標といえるでしょう。

　DOE＝配当総額÷自己資本
　DOE＝ROE×配当性向
　内部成長率（自己資本の増加率）＝ROE－DOE

【原則1-4　いわゆる政策保有株式】

　上場会社がいわゆる政策保有株式として上場株式を保有する場合には，政策保有に関する方針を開示すべきである。また，毎年，取締役会で主要な政策保有についてそのリターンとリスクなどを踏まえた中長期的な経済合理性や将来の見通しを検証し，これを反映した保有のねらい・合理性について具体的な説明を行うべきである。

　上場会社は，政策保有株式に係る議決権の行使について，適切な対応を確保するための基準を策定・開示すべきである。

1. 背景となる株主の考え方

　上場株式の資本が，本業に直接投資されるのではなく，他の上場会社株式の投資に充てられる場合，株主にとっては，その投資に事業上どのような意味合いがあるのか必ずしも明確でないという構造問題があります。魅力的な投資先があれば，株主は自ら投資を行うため，基本的に上場会社が他の上場会社に投資を行うことを望んでいません。

　マクロ的に見ると日本企業のROEが低い大きな原因の１つに株式の持ち合いがあり，上場会社が持ち合いを解消し，その資金で自社株取得・消却を行えば，ROEは上昇します。つまり，持ち合いは事業を行うために必要なものではない場合，事業活動に利用されていない資金を解消することで資本効率の改善が図れると考えられています。

　また，政策保有株式は，株価変動リスクを抱えることに伴う財務の不安定化もあり，会社側が説明する「取引関係を深める」ことによる事業上のメリットが，リスクに見合ったものかという経済合理性に対する疑問もあります。

　そして，株主総会における議決権行使を通じた監視機能が形骸化するという「議決権の空洞化に対する懸念」があり，株主からのガバナンスが機能し

ていない大きな原因の1つと考えられています。保身体質が強い上場会社ほど政策保有が多く、買収防衛策を導入している上場会社は政策保有が多いなど、経営の保身の象徴であると見なされています。

ただし、自民党の日本再興ビジョンの中では政策保有株式の縮小という方針が示されていましたが、有識者会議の議論も踏まえ、コードでは、政策保有自体が悪であるという考え方はとっていません。

したがって、コードでは政策保有株の是非については判断をしていませんが、コーポレートガバナンス報告書等で開示が求められる11の諸原則の1つとすることで、上場会社と市場との対話を通じて合理的な解決策を見出すことを求められており、その主旨に沿った開示が望まれています。

2. 具体的な実務の例

「政策保有に関する方針」の考え方

当原則の「政策保有に関する方針」は、個別の会社の政策保有の基礎となる方針が策定され、これが開示されることにより、株主との対話が促進されることが期待されています。したがって、ここでは、政策保有全般に共通する方針を定め、開示を行うことが望まれています。

また、株主が持っている「経済合理性に対する懸念」について、取締役会において独立した客観的立場からの検証がなされた上で、それを反映した具体的な説明が株主に対して行われ、その反応も踏まえて翌年の「検証」が行われるといった対話の継続が求められています。

もちろん、ここでいう「具体的な説明」とは「検証」の内容を反映した保有の狙い・合理性であり、検証内容そのものの公開が求められているわけではありません。しかしながら、原則の趣旨・精神を踏まえ、表層的な説明に終始するのではなく、可能な限り株主にとって付加価値の高い説明を求めるという難しい内容となっています。

また、もう1つの開示事項である「議決権の行使について、適切な対応を

確保するための基準」も,「議決権の空洞化に対する懸念」に対して,各上場会社の合理的な判断に基づく基準が策定・開示され,株主との対話を通じて合理的な解決策にたどり着くことを期待されています。これは,機械的・形式的に議決権の行使内容が導かれる基準が想定されているわけではありませんし,政策保有である以上,株主が掲げるような,純投資を目的とした場合の議決権基準とは異なって当然と考えられます。

つまり,政策保有を全面否定し,今すぐすべてを解消させようというものではなく,上場会社が政策保有の意義を再考し,株主との対話の中で徐々に考え方の変革を促し,緩やかに状況を変化させていこうという政策と捉えることができます。

したがって,基本的な方向としては,保有意図がはっきりしない政策保有に関しては解消が求められていることを認識し,過去の経緯やこれまでの固定概念に囚われることなくゼロベースで見直し,「政策保有に関する方針」を定め,この方針のもと保有継続の可否判断を行うとともに,議決権行使に際し「適切な対応を確保するための基準」や判断する仕組みを整備し,そしてこれらの基本的な考え方を開示することが望まれます。

政策保有株式の見直し

もともと持ち合いは,配当など投資に対するリターンを得る「自益権」を主目的とした株式保有ではなく,株主総会における議決権行使などの「共益権」を主たる保有目的としています。したがって投資の効果は,投資先からのキャッシュリターンを得るというより,取引先との共存共栄による相互の事業の発展を期待したものと考えられます。

したがって,当原則への具体的な対応は,この政策保有株の目的を再確認した上で,次のように,社内で保有する政策保有株を改めて見直し,その意義と目的を整理し,「政策保有に関する方針」を定めることが考えられます。

①保有先の戦略と自社の戦略が合致する場合

　保有先の経営陣が示す事業戦略が保有先の企業価値向上につながると考えるとともに，その事業戦略が自社の事業戦略と合致し，保有先の事業の成長が自社の事業の成長に結びつく場合，保有先の事業戦略が自社の事業戦略に与える影響が大きく，事業提携・資本提携などのアライアンス関係や，長期間の共同プロジェクトを展開している場合，系列のサプライチェーンとして長期間の継続的取引を事実上保証するような場合，ベンチャー企業への投資などの場合が考えられます。

　これらの場合，対象となる事業に関しては，株主としての利益と自社の利益が基本的には合致するため，株主共同の利益にも反せず，経済合理性の懸念や議決権の空洞化の懸念も少ないと考えられます。政策保有の理由は比較的明快であり，保有先の現経営陣が考える戦略を進めてもらうために政策保有しているため，議決権行使の場面では会社提案全議案に原則賛成となりますが，企業価値を損ねる可能性のある議案などでは，賛否を判断するというよりも株主としてしっかりと対話を行うことが望ましい対応となります。

②保有先との心情的な関係性を考慮する場合

　保有先の事業戦略が自社の事業戦略に与える影響が少なく，事業戦略上の合致というより，取引関係に与える心情的な面を重視し，過去の経緯や長年の慣習から引き続き保有している場合。「取引の円滑な推進」を目的としてあげている政策保有のうち，かなりの政策保有がこのケースに該当すると考えられます。

　この場合，保有先の利益と自社の利益が必ずしも一致せず（自社が儲かる＝取引先である保有先が儲からない），株主共同の利益の追求とならないことや利益相反となる可能性もあり，経済合理性や議決権の空洞化が懸念されることもあります。

　政策保有を解消したら本当に関係性に支障が出るのか，過去の経緯から理由もなく保有を継続しているだけではないかなどを検討し，その影響が小さ

い場合には，これを機会に解消に向けて取り組み，資本効率を高めることを検討すべきといえます。

③保有先との事業上の関係がない場合
　いわゆる単なる持ち合いであり，経営者同士の個人的関係などにより保有している場合。最も合理的な説明が難しいため，この機会に解消を考えます。

④保有先が同業他社であり，情報収集を目的としている場合
　競合相手である同業他社の戦略や，同業他社の開示情報から業界や市場の動向を把握するために保有している場合など。この場合は，保有先の利益と自社の利益は一致せず，株主共同の利益にはならず，利益相反・競合になる可能性があります。基本的に業界としての共同歩調をとる場合に資本関係は必要ないと考えられるため，これを機会に解消を考えるのが合理的です。

　全政策保有株式を精査し，上記の4分類などを参考に保有理由別に分類を行います。分類の判断基準は，可能な限りこれまでの経緯や情緒的な基準を持ち込まず，自社の事業戦略への合致度・影響や経済的パフォーマンス・将来性などをもとに，今現在保有していないとした場合に，改めて必要だから保有するか，それとも保有せずにいるかのゼロベースで判断することが必要です。保有が必要だと判断したものは保有を継続し，そうでないものは，保有先と協議をしながら，持ち合いを解消してその資金を自社の資本生産性を高めるために利用することが望まれています。
　この検証を毎年一定の時期に取締役会で行い，その判断の検討過程と意思決定の客観的合理性を社外取締役が担保することが求められています。
　なお，この見直しは，あくまでも社内での検討であり，区分けの詳細や個別銘柄の検討結果を開示するものではないと考えられます。有価証券報告書に記載が義務化されている「純投資以外の目的で保有する株式」の個別銘柄ごとの保有理由の欄には，個別銘柄ごとに検討結果を踏まえた詳細な保有理

由ではなく，大括りにしてそれぞれの保有理由を開示することで問題ないと考えられます。これは，理由の書き方次第では，今後の売却方針を明確にすることとなり，保有株数の規模によっては株式市場への影響が出る可能性が考えられるからです。政策保有の解消は需給なども勘案しながら進める必要があり，今後の方針を過剰に示すことで取引価格にネガティブなインパクトが出ることは株主利益にも反すると考えられます。この原則で開示が求められているのは，「政策保有に関する方針」と「政策保有株式に係る議決権の行使について，適切な対応を確保するための基準」であり，個別銘柄の保有理由が開示項目となっているわけではありません。

政策保有株式の議決権行使を適切に対応するための基準と仕組みの策定

まずは，取締役会や担当役員の決裁を得るなどの手続きを定めることが必要です。政策保有なので会社提案の議案には基本的には賛成となり，株主共同の利益を害することのない通常の議案であれば，担当役員の決裁で賛成として議決権行使を行います。しかしながら，経営陣の交代により自社の事業戦略と合致しない経営方針が示された場合や，不祥事の場合，株主価値を大きく毀損する資本調達が上程された場合など，無条件賛成とすると利益相反や株主共同の利益に反する可能性のある議案については，少数株主の代表たる独立社外取締役が出席している取締役会で賛否を決議し，客観的合理性を担保します。

これら一連のプロセスを「議決権行使の手続き」とし，取締役会が賛否の最終責任を負っていることと「利益相反・株主共同の利益に反する可能性のある議案と判断される場合」には反対する場合があることを示します。

開示方法

前述の政策保有株式の
- 保有の方針（相手との関係性など）
- 現状の見直しの方法（判断する機関＝取締役会，時期，判断基準）

を開示します。

　なお，前述のとおり，有価証券報告書等での記載要件に該当する「純投資以外の目的で保有する株式」の銘柄名，保有株式数，貸借対照表計上額，銘柄ごとの具体的な保有目的を開示し，保有目的の欄に，相手との関係を記載します。

　また，同時に，
- 議決権行使の方針
- 賛否判断方法（判断する機関，取締役会等で判断する場合の考え方）

を開示します。

　開示を行うにあたってのポイントは，取締役会は株主に対して受託者責任を負っているという意識が現れていることです。株主から，政策保有している銘柄に関して事業上の取引と見合ったものなのかなどの質問が行われた場合，それに対しては十分に答えることができる状態にしておくことも必要でしょう。

【原則1-5　いわゆる買収防衛策】

　買収防衛の効果をもたらすことを企図してとられる方策は，経営陣・取締役会の保身を目的とするものであってはならない。その導入・運用については，取締役会・監査役は，株主に対する受託者責任を全うする観点から，その必要性・合理性をしっかりと検討し，適正な手続を確保するとともに，株主に十分な説明を行うべきである。

補充原則①

　上場会社は，自社の株式が公開買付けに付された場合には，取締役会としての考え方（対抗提案があればその内容を含む）を明確に説明すべきであり，また，株主が公開買付けに応じて株式を手放す権利を不当に妨げる措置を講じるべきではない。

1. 背景となる株主の考え方

　株主は，買収防衛策は，企業価値から見て過度に割安に放置されている株価を修正する機会を株主から奪うものと解釈しています。

　経営陣は，買収提案者から，より多くのキャッシュリターンの向上が見込まれる優れた経営戦略が示され，それに見合った適切な買収価格の提案がなされたと判断した場合，買収提案を支持し友好的買収に応じるか，買収価格の引き上げ交渉を行う立場であるべきと考えられます。もし買収提案が本源的な企業価値を毀損すると考えて提案を拒否する場合でも，提案を拒否するか受け入れるか，あるいはTOBに応じて株式を売却するかといった，その選択権は株主に与えるべきであると，株主は考えています。

　そもそも上場会社は株主に対して適切な開示と説明を行っていれば，株価は企業価値を適正に反映するものですので，敵対的買収の余地は小さくなり

ます。経営陣は、買収を防衛しようとする前に、適切な経営と適切な開示・説明を行い、適正な企業価値で市場から評価されているように努めるべきであるといえます。

こうした株主の買収防衛策に対する考え方に反し、日本の上場会社は、内部者中心の保守的な文化を背景に買収防衛策の導入を決めている場合が多いと見られています。上場会社があげる防衛策導入の理由は、本音では経営者の保身と受け取られており、例外的な場合を除き、導入には反対する投資家が多くなってきています。

このように、本原則は、買収防衛策導入の目的が経営陣・取締役の保身であってはならないことを明記するとともに、その導入・運用にあたっては、法令を適切に遵守することにとどまらず、株主に対する受託者責任を全うするという観点から適切な対応となることが求められています。

2. 具体的な実務の例

基本認識

上場会社は、まず、買収防衛策の導入は経営陣の保身であると株主に受け止められていることを認識しなければなりません。海外市場でアクティビストの活躍が伝えられ、現在の株価が経営陣が考える企業価値から見て割安であることから、買収提案が持ち込まれることをおそれ、買収防衛策を導入しようと考える場合もあると思いますが、それが株主に対する受託者責任を全うすることになるのか、しっかりと検討しなければなりません。

基本的には、株価が企業価値から見て過度に割安に放置されているとすると、それはIR活動の問題であり、まずはそれを修正し、企業価値と株式時価総額のかい離を小さくする努力が必要です。そして、経営の王道である、企業価値の最大化に向けて努力することが何よりも重要です。

取締役会での検討

　買収防衛策を導入する場合，本当に必要なのかを取締役会で十分に検討する必要があります。例えば，以下のような項目を確認します。

- 株価の分析・財務状況の分析。各種指標から買収リスクを算出。
- IR活動の評価。パーセプションスタディ（市場認識度調査）や株主総会の賛否分析などから現経営陣・経営戦略の支持率を評価。
- 買収防衛策とは何か，何から何を守るのか，自社の本源的な価値とは何か，など，株主の考えを認識した上で，買収に関する考え方を整理。
- 買収防衛策の具体的な設計を検討。
- 法的手続きの確認。買収防衛策がなくとも，企業価値を毀損するような買収提案に現行法制の枠内で戦う方法を確認。（同時に，企業価値を毀損しないような買収提案には防衛策があろうと発動できないこと，経営陣は買収価格の引き上げ交渉を行うべきであることなどを確認。）

　これらのことを総合的に検討し，防衛策の導入可否を経営判断する。なお，導入しないことを確認した場合は，買収提案対応マニュアルを用意します。（買収提案がなされた場合は，受け入れる場合も拒否する場合もいずれも，ファイナンシャルアドバイザー・リーガルアドバイザーなどの交渉チーム編成，開示資料作成，法的手続き，マスコミ広報対応・IR活動，社内・取引先等への説明などの膨大な作業が発生し，すべて時間との戦いになります。被買収リスクがあると想定される場合には，事前にやるべきことと手順，担当役員，会議体，担当部門を明確にしておくことが重要です。）

　取締役会で判断する際には，防衛策の導入が経営陣の保身目的ではなく，その導入理由に社会的にも客観的にも合理性があると，少数株主の利益代表である独立社外役員が判断し，さらに，株主総会に定款変更を伴う議案として上程し，実際に発動する際には総会に諮るなどの手続きを定めます。

　客観的合理性のある導入理由とは，例えば，キャッシュフローで説明できない社会性資本，社会的価値などが存在する場合などが考えられます。

　さらに，株主総会で株主の判断を仰ぎ，買収防衛策を導入したとしても，

その議案は株主からの反対が多くなると考えられますので，その反対をどのように振り返ったのかということも，補充原則1-1①「相当数の反対票が投じられた場合の分析，対話，対応の検討」で求められてきます。したがって，株主との対話の中で，買収防衛策についての説明は常に求められることを覚悟しなければなりません。買収防衛策を導入した上場会社は，これを機に，引き続き買収防衛策が必要なのか，検討することが必要と考えられます。

ライツプラン以外の買収防衛目的の方策の導入

　原則の「買収防衛の効果をもたらすことを企画してとられる方策」は，必ずしもライツプラン型の買収防衛策のような，特定の買収防衛策にのみ限定したものではなく，幅広く買収防衛目的の方策を示していることにも注意が必要です。

　通常，株主の議決権行使担当者や議決権行使助言会社が捉えている「買収防衛の効果をもたらすことを企画してとられる方策」とは，具体的なライツプランの発動条件を持たずに定める「会社支配に関する基本方針」や，目的が明確でない「発行可能株式総数の授権枠拡大」などが該当します。株主は，これらの方策がとられたとき，事実上，経営陣が買収案件に対抗する意志を持ち，取締役会決議で発動できる方策をとることも辞さない考えを持つと解釈しますが，どのような買収案件に反対し，どのような手法を，どのような手続きで発動できるのかが明確に定まっていないため，株主の利益を損なうリスクの大きさを織り込むことができません。さらに，公正にライツプラン発動への株主の承認を得ようという手続きも踏んでいないという問題もあります。このため，ライツプラン型買収防衛策の議案でないとしても，これらの議案は反対される可能性が高いことを認識しなくてはなりません。

TOBにおける株主の権利の配慮

　補充原則でも，金融商品取引法のTOBルールに則り，公開買付にあたっては，株主に与える影響の大きさに鑑み，取締役会としての考え方（賛否や

対抗提案の内容など）を明確に説明する「意見表明報告書」の公表を求めています。公開買付期間が30営業日未満である場合、会社側は、意見表明報告書において公開買付期間の延長を請求すれば、公開買付期間は30営業日に延長され、株主が熟考する時間を確保できます。

同時に、原則は、公開買付は株主にとって適切な売却機会となり得ることから、経営陣は、あらゆる買収案件を拒否し、売却を不当に妨害する効果のあるような措置を講じるべきではないことを示しています。例えば、現経営陣から事実上独立していない有識者で編成した第三者委員会の設置などが考えられます。

安易な買収防衛策の導入・継続への慎重な対応

このように、さまざまな点で徹底した株主の権利への配慮が求められます。本原則は、かなり踏み込んだ書き方をしており、安易な買収防衛策の導入・継続には慎重な対応が求められます。

コラム⑨　米国におけるアクティビストの動向

金融危機でいったん逼塞したアクティビスト・ヘッジファンドの活動は、その後、急速に回復し、2012-2013年頃までにはアップルやマイクロソフトなど時価総額最大級の企業の経営方針にまで影響を及ぼすようになっています。

現代のアクティビスト・ヘッジファンドの特徴は従来のいわゆる株式を買い占めではなく、機関投資家の代わりにモニタリングとエンゲージメント活動を行い、問題がある場合には経営改善提案書（ホワイトペーパー）を会社経営者に対して送り、自らの経営改善策を提示し、経営陣の反論とどちらが説得的かを株主総会の委任状争奪戦を通じて機関投資家に問うという手法をとります。

これにより、機関投資家は自らコスト負担することなく、自らの持つ議決権を効果的に活用し、保有銘柄の企業価値向上が図れます。また、アクティビストは、巨額の資金を用いることなく、他の機関投資家を追随させることにより、自らの提案の支持を得ることが可能となります。

アクティビスト・ヘッジファンドはいわゆる「乗っ取り屋」のイメージから「機

関投資家の代理人」としてコーポレートガバナンスの中で重要な役割を果たし得る存在へとイメージは大きく変化してきています。

このようなアクティビスト・ヘッジファンドの影響力拡大に対する警戒感も急速に高まっており，ショートターミズムなどへの批判も含めさまざまな議論が展開されています。

反アクティビストの立場の有識者や機関投資家の一部には，株主還元要求や事業売却，コスト削減要求等により短期的な利益の追求が長期的価値を破壊すると主張しています。しかしながら，株主から見た場合，株主還元が長期的利益を増進するか破壊するかは，その規模や企業のステージによってケースバイケースです。基本的には長期的価値の破壊を伴う短期的利益を追求する提案に対して機関投資家が賛同するとは考えられません。

アップルのケースでも，グリーンライト・キャピタル[1]の提案した比較的穏当な株主還元策は，投資家の支持を集め，結局，アップルは大幅な自社株買いの増加に踏み切りましたが，その後のカール・アイカーン[2]氏による過激なキャッシュ全額還元要求は機関投資家や議決権行使助言会社の支持を得られず，カール・アイカーン氏は要求撤回に追い込まれています。このように機関投資家はアクティビスト・ヘッジファンドの提案を吟味し，是々非々で判断を下しています。

機関投資家の短期志向が，経営者に短期的経営への圧力を強めるという主張がありますが，本来，経営者は長期的利益を犠牲にして短期的な会計業績を嵩上げしないという選択肢を持っています。株価の反応を過剰に意識し短期的施策によって長期利益を犠牲にするのは，むしろ経営者の倫理・見識の問題か，ガバナンスの問題と考えられます。アクティビスト・ヘッジファンドが機関投資家の支持を必要とする限りは，その存在を過剰におそれるのではなく，経営者側が長期視点の株主の考え方を十分に理解し，企業価値拡大に向けた経営を行い市場と対話をしていくことが合理的といえるでしょう。

＊1　グリーンライト・キャピタル：著名投資家デービッド・アインホーン氏が率いる米ヘッジファンド
＊2　カール・アイカーン：米国の著名アクティビスト投資家。アイカーン・エンタープライズ創業者。

【原則1-6 株主の利益を害する可能性のある資本政策】

支配権の変動や大規模な希釈化をもたらす資本政策（増資，MBO等を含む）については，既存株主を不当に害することのないよう，取締役会・監査役は，株主に対する受託者責任を全うする観点から，その必要性・合理性をしっかりと検討し，適正な手続を確保するとともに，株主に十分な説明を行うべきである。

1. 背景となる株主の考え方

　バブル期に安易な資金調達を大量に行ったことがバブル崩壊の一要因になり，またリーマンショック後にも株価の大幅な下落をもたらす大規模な増資を行うケースが散見されました。また，MBOの中にも株主の利益を害する可能性が指摘されるものもあります。このような行為は，上場会社が資本コストの考え方をしっかりと確立しておらず，資本政策の基本方針が徹底されていないことも一因となっていると株主は考えています。安易な資本政策は市場の信頼を失うことにより，投資リスクを高く見積もらせることにつながります。資本政策への不信感は，結果として企業価値との比較で株式時価総額の下方かい離にもつながると考えられます。

2. 具体的な対応の例

　株主の利益を害する可能性のある資本政策の実施に関しては法令や開示ルールなどによる一定の制約が課されていますが，この原則は，こうした規律の遵守にとどまらず，株主に対する受託者責任を全うする観点から適切な対応を求めています。

したがって、これらの資本政策をとる場合は、経営理念・方針と戦略、企業価値向上（将来キャッシュフローの最大化）の観点からの必要性を十分に説明する必要があります。

　さらに、これらの資本政策の意思決定するにあたっての取締役会・監査役会が果たした役割を述べることが重要です。過去には社長の独走により株主価値にダメージを与える資本政策を繰り返した上場会社もあり、そのチェック体制が問われています。社外役員や監査役会が果たす役割を明確にし、その役割が果たせるように基本原則4に則り、体制を整備する必要があります。

【原則1-7　関連当事者間の取引】

　上場会社がその役員や主要株主等との取引（関連当事者間の取引）を行う場合には，そうした取引が会社や株主共同の利益を害することのないよう，また，そうした懸念を惹起することのないよう，取締役会は，あらかじめ，取引の重要性やその性質に応じた適切な手続を定めてその枠組みを開示するとともに，その手続を踏まえた監視（取引の承認を含む）を行うべきである。

1. 背景となる株主の考え方

▍関連当事者間取引に対する経済合理性の欠如の懸念

　関係会社など関連当事者との取引が行われる場合に，経済合理性に欠ける判断がなされていることを株主は懸念しています。また，上場会社自身もこれまでそれを認めるような発言もあり，株主は不信感を抱いているとみられます。

　例えば，親会社であるために，明らかに劣ったプロダクトであるにも拘らず，競争力のある他社のプロダクトを取り扱うことができなかったというような説明や，企業間の関係を総合的に見れば合理性があったとしても，個別で見ると，経済合理性が十分に説明できない関係当事者間の取引がそれなりに大きいことに不信感を抱いている株主は多いと考えられます。

2. 具体的な実務の例

▍関連当事者取引の管理・監督

　親会社等だからという理由でこれまで慣習的に行われてきた取引が，利益相反，株主共同の利益の観点から問われています。2015年の会社法施行規則

の改正でも，子会社の少数株主保護の観点から，子会社と親会社等との間における利益相反取引を防止するため開示義務が強化され，個別注記表に記載する関連当事者取引は，事業報告またはその附属明細書に以下の内容を記載することになりました（施行規則118条1項5号，128条3項）。

① 取引をするにあたり会社の利益を害さないように留意した事項（当該事項がない場合はその旨）
② 取引が会社の利益を害さないかどうかについての取締役会の判断およびその理由
③ ②の判断が社外取締役の意見と異なる場合には，その意見

当原則も，改正会社法施行規則と同様の意図を持ち，上記内容を事業報告に記載するためにも，監督する仕組みの整備が求められています。なお，コードは「法令等での規律の対象となる取引の範囲にとどまらず，会社や株主共同の利益を害するおそれのある関係当事者間の取引全般をその対象とするものである」と金融庁および東証の担当者は解説[5]しています。当原則のほか，原則4-3，原則4-7でも同様に関連当事者の利益相反に対する管理・監督を求めています。

これらのことから，取締役会における管理・監督する仕組みを整備します。ポイントは，社外取締役・社外監査役から見て客観的合理性がないと判断される関連当事者取引を排除する仕組みを整備することと考えられます。

なお，この原則は，「『取引の承認』とは監視方法の例示であると考えられる。このため，本原則は，必ずしもあらゆる取引について一律に取締役会における承認を求めるものではない」と金融庁や東証から解説されています。

親子上場の子会社の場合など，特に透明性の高い仕組みの構築が望ましい場合には，取締役会での事前承認の基準を設けることなども考えられます。

一方，親子上場ではないなど関連当事者取引による利益相反の可能性が低

---

[5] 油布・渡邉・谷口・善家（2015）。

い上場会社の場合は，年間の関連当事者取引を一括して取締役会に報告し，利益相反がないことを社外役員中心に確認する手続きを設けることで，経営陣や社員の意識面を高め注意喚起を図るなどの社内ルールを定めることが考えられます。

　何よりも重要なのは，法令違反とならないように形式を整えるだけではなく，株主を始めとするステークホルダーに対する受託者責任を意識して体制を構築しようとする姿勢だと考えられます。

2 株主以外のステークホルダーとの適切な協働

【基本原則2】
　上場会社は，会社の持続的な成長と中長期的な企業価値の創出は，従業員，顧客，取引先，債権者，地域社会をはじめとする様々なステークホルダーによるリソースの提供や貢献の結果であることを十分に認識し，これらのステークホルダーとの適切な協働に努めるべきである。
　取締役会・経営陣は，これらのステークホルダーの権利・立場や健全な事業活動倫理を尊重する企業文化・風土の醸成に向けてリーダーシップを発揮すべきである。

考え方
　上場会社には，株主以外にも重要なステークホルダーが数多く存在する。これらのステークホルダーには，従業員をはじめとする社内の関係者や，顧客・取引先・債権者等の社外の関係者，更には，地域社会のように会社の存在・活動の基盤をなす主体が含まれる。上場会社は，自らの持続的な成長と中長期的な企業価値の創出を達成するためには，これらのステークホルダーとの適切な協働が不可欠であることを十分に認識すべきである。また，近時のグローバルな社会・環境問題等に対する関心の高まりを踏まえれば，いわゆるESG（環境，社会，統治）問題への積極的・能動的な対応をこれらに含めることも考えられる。
　上場会社が，こうした認識を踏まえて適切な対応を行うことは，社会・経済全体に利益を及ぼすとともに，その結果として，会社自身にも更に利益がもたらされる，という好循環の実現に資するものである。

> **【原則2-1　中長期的な企業価値向上の基礎となる経営理念の策定】**
>
> 　上場会社は，自らが担う社会的な責任についての考え方を踏まえ，様々なステークホルダーへの価値創造に配慮した経営を行いつつ中長期的な企業価値向上を図るべきであり，こうした活動の基礎となる経営理念を策定すべきである。
>
> **【原則2-2　会社の行動準則の策定・実践】**
>
> 　上場会社は，ステークホルダーとの適切な協働やその利益の尊重，健全な事業活動倫理などについて，会社としての価値観を示しその構成員が従うべき行動準則を定め，実践すべきである。取締役会は，行動準則の策定・改訂の責務を担い，これが国内外の事業活動の第一線にまで広く浸透し，遵守されるようにすべきである。
>
> **補充原則①**
>
> 　取締役会は，行動準則が広く実践されているか否かについて，適宜または定期的にレビューを行うべきである。その際には，実質的に行動準則の趣旨・精神を尊重する企業文化・風土が存在するか否かに重点を置くべきであり，形式的な遵守確認に終始すべきではない。

1. 背景となる株主の考え方

▍経営理念の策定

　経済環境の変化で苦しい局面があってもそれを乗り越えてくる上場会社には，明確な経営理念があり，それが社員に共有されているという共通点があります。そもそも企業は何らかの社会的な課題に応えることができる存在と

して成立しており，それに応えることが企業の使命であり，企業が達成したいと考える目的そのものであるはずです。しかしながら，日々の業務に取り組む中で，それが忘れられていることも多いのではないでしょうか。よほど意識していないと，会社の規模が大きくなり，業務が細分化されてくることによって，創業時には皆が共有していた理念が忘れられてしまうのは無理からぬことです。企業が解決したいと考えている社会的課題を明確化し，企業の使命と事業目的を企業理念として経営陣以下，全社員が確認していれば，経営判断がぶれることなく，事業の目的の達成に向けて取り組むことにつながります。社会的課題と企業使命・事業の目的が定まっており，企業活動がそれと整合している企業には独特の力強さがあり，それは株主をはじめとするステークホルダーにも伝わっています。

しかしながら，上場会社の中には，開示資料ごとに経営理念に微妙な差がある場合や，株主との対話の中でも，経営理念を明確に意識できていないことが明らかになることもあります。経営理念が上場会社の中で共有されていないことは株主からみた非財務的評価でも大きなマイナスとなります。海外の取締役会では毎回経営理念を確認してから会議に入る企業も多いといわれています。企業が持続的に成長を続けるためには，経営理念が明確化され，社内で共有されていることが不可欠であると株主は考えています。

行動準則の策定・実践

経営理念を適切な企業活動につなげていくために，社員は具体的に何をすべきか，何をしてはいけないのかを定めた行動準則の策定・実践が不可欠です。一般的に多くの上場会社で，行動準則は，行動規範，フィロソフィー，WAY，コードなど，さまざまな呼び方をされ，企業使命や事業目的，さらには社是・社訓，創業の精神などとともに，経営理念体系として定めている企業もあります。形はさまざまですが，行動準則によって，意思決定の原理原則が決まることでスピード感が高まり，事業活動が円滑に進み，企業不祥事を防ぐこともできると考えられます。しかも，社会や人々の認識の変化，

法令・ルールの変更に対応しなければならないこともあり，企業使命や事業目的とは異なり，行動準則は定期的に見直していくことが必要です。

多くの企業が行動準則を定めているものの，中には，経営理念同様に形式的に行動準則を設けているだけで，社員に徹底されていない会社も散見されます。形式的に行動準則を策定したのでは単にコストの無駄となってしまいます。

2. 具体的な実務の例

▌経営理念，行動準則の社内整理と開示資料の整合

当原則では，株主を含むステークホルダーにとって極めて重要な非財務情報の1つである経営理念と行動準則の策定・実践を求めています。特に，原則2-1の経営理念は，原則3-1(i)において開示が求められており，原則4-1においては取締役の役割・責務の1つとされています。

すでに，多くの上場会社が，企業使命や事業目的などの経営理念と，事業目的の達成に向けた行動規範，倫理基準などをまとめた行動準則も定めています。しかしながら，実際には単なるお題目となって経営陣や社員に周知徹底されていないことがIR活動の現場などでも散見されています。単なるお題目として策定されていることがあからさまになると，それ自体がない場合以上にネガティブな評価をされる可能性もあり，その整合性や実践に関しては常に確認しておく必要があります。

▌株主に見切られてしまう典型的な例

【ケース1】

社是・社訓，コーポレートメッセージ，企業使命・事業目的，WAY，倫理基準・コードなど，さまざまなものが各時代の経営論に基づき策定され，社員がよくわからなくなってしまっている場合です。過去のものを整理・統合しながら新しい概念を創り出していますが，社歴の長い社員は固定概念と

して昔のものが頭の中に残っており，過去のものを整理しきれず，屋上屋，中二階などと揶揄されながら複雑な経営理念体系となってしまっている場合です。この結果，IRミーティングで対応者ごとに異なる回答となり，社内に浸透しておらず，事業活動に一貫性がないことが露呈することがあります。

【ケース2】
　有価証券報告書，招集通知，アニュアルレポート，CSR報告書，会社案内，企業サイトなどにおける，経営理念などの表現がバラバラな場合です。これらの資料は，作成部署が異なることが多く，作成担当者ごとの理解に差があり，異なる表現となっています。特に，経営理念等を説明する社長メッセージを各担当者が起稿していると説明のニュアンスに違いが出ることがあります。

　これらの状況が見られたら，以下の2つの対応を行います。
　1つ目に，補充原則1-2①で求められている「適宜または定期的レビュー」を，行動準則だけでなく原則2-1の経営理念も行います。毎年，社員調査などにより企業文化・風土として定着しているかどうかを確認し，また必要に応じて取引先への聞き取りなども交え，結果を取締役会で共有し，社内教育などの取り組みを行います。特に，社員調査で，経営理念などが複雑な体系となっていて理解しにくいなどの意見が見られたら，今一度，社内で掲げられているものをすべて見直し，整理し直すことも重要です。
　2つ目に，各資料を横並びで見直し，各資料の作成担当部署と経営理念・行動準則などを定めている部署の担当者が一堂に会し，内容や表現をすり合わせます。さらに，経営理念などに関するQ＆Aを整理し，IRや広報，総務・法務などで共有化し，株主総会，IRミーティング，マスコミ取材などのどこの場で誰が答えても回答の主旨に差が出ないように共有化します。

【原則2-3　社会・環境問題をはじめとするサステナビリティーを巡る課題】

上場会社は，社会・環境問題をはじめとするサステナビリティー（持続可能性）を巡る課題について，適切な対応を行うべきである。

補充原則①

取締役会は，サステナビリティー（持続可能性）を巡る課題への対応は重要なリスク管理の一部であると認識し，適確に対処するとともに，近時，こうした課題に対する要請・関心が大きく高まりつつあることを勘案し，これらの課題に積極的・能動的に取り組むよう検討すべきである。

1. 背景となる株主の考え方

株主が求めるサステナビリティーを巡る課題

株主が上場会社に説明を求める「社会・環境問題をはじめとするサステナビリティーを巡る課題」への取り組みとは，上場会社の社会貢献活動ではありません。株主は，上場会社が持続的に成長するために，どのように社会・環境問題に取り組んでいるのかということに注目しています。つまり，「企業活動は，基本的に社会や環境に負荷を与えており，この負荷を軽減する取り組みを行っていないと，やがて大きな負担となって企業に跳ね返ってくる可能性がある。そのリスク認識の下，企業は負荷を軽減する取り組みをどのように行っているか」また，「社会・環境問題は企業が成長する機会でもある。企業は，その機会を逃さないような取り組みを行っているか」という，リスクと機会のマネジメントの観点から，上場会社のサステナビリティーを巡る課題への取り組みを確認したいと考えています。

日本の上場会社は一般的に環境対応に熱心であり積極的に取り組んでいま

す。しかしながら，その活動の中には，事業活動に直接的な影響を与えるものではないものも含まれています。特に，収益に結びつき，事業の成長に寄与するものや，事業継続に支障を来すことになり得るリスクを減少させたりするようなものではなく，中には，ほとんど事業活動とは無関係のものも見られます。例えば，多くの上場会社で実施されている植林活動・里山保全活動は，紙パルプ業や飲料水・酒造メーカーなどの一部の上場会社を除き，事業活動に直接的な影響がないと考えられています。

例えば，伝統的な企業分析手法では捉えきれないESGの投資リスクを測定しているMSCI ESG ResearchのIntangible Value Assessmentでは，業界ごとの最もインパクトがあるリスクと機会の項目のみに着目し，それ以外の課題への取り組みは評価していません[6]。したがって，MSCI ESG Researchが着目している項目は，その上場会社における重要なサステナビリティー課題と考えられます。

日本の上場会社は，一部の企業を除き，最新のグローバルな課題への認識が不足しがちとなっていますが，グローバルで注目されているテーマを理解することは，課題に適切な対応を行う上で不可欠です。例えば，2014年に世界的に注目されたグローバルな課題は，以下のようなものでした。

図表2-4　CSRの文脈で，2014年中に世界的に注目されたテーマ[7]

組織統治	非財務情報の開示
人権	紛争鉱物，人権に関する新枠組み，児童労働・子供の権利
労働慣行	企業と労働組合の連携，新興国での労働問題
環境	水ストレス，生物多様性，地球温暖化
公正な事業慣行	腐敗防止，租税回避，調達・購入を通じた社会的責任の推進
消費者課題	食品の安全・トレーサビリティ，倫理的かつ持続可能な消費
コミュニティへの参画およびコミュニティの発展	ポスト2015開発アジェンダ

---

[6] https://www.cdp.net/en-US/WhatWeDo/Documents/CDP2013WS_Feb_Osaka_Takaba.pdf
[7] （一社）企業活力研究所（2015）。

これらのグローバルな課題への取り組みを怠ると，ある日突然，NGOに攻撃されたり，新興国で法令違反になったりするなど，経営への大きなマイナス要因が発生する可能性があります。株主は，多くの上場会社のサステナビリティーに関する取り組みは，リスク管理として不十分と見ています。

世界的に企業の社会的責任に対する関心が変化する中，自らの会社が存続し続けるために社会・環境問題に対する意識を強く持っておくことは，会社のレピュテーション等を大きく毀損するような不測のリスクを避ける上で重要です。特に，スチュワードシップ・コードの原則3でも株主が状況を把握するべきとされている内容の一例に「社会・環境問題に関連するリスク」があり，両コードに基づく対話の中で課題を共有し，取り組みが促進されることが期待されています。株主は，取締役会が，しっかりと課題認識を持ち，サステナビリティーを巡る世界の動向を把握するための仕組み，環境や社会への負荷を軽減する取り組みを整えているかに注目しています。

2. 具体的な実務の例と留意すべきポイント

CSR課題からサステナビリティーを巡る課題への認識の転換

CSRは，本来の企業の社会的責任としての活動から，攻めのCSR，本業を通じた社会貢献活動，CSVなど，扱う領域が広がり概念が常に変化してきました。また，最近では「CSR」ではなく，「サステナビリティー」という言葉を用いられることが増えています。当原則も世界的な流れを踏まえ，サステナビリティーを巡る課題としてCSRを扱っています。

しかしながら，多くの日本の上場会社の経営者はCSRを社会・環境のための活動と捉えているのではないでしょうか。

一方，株主は，前述のとおり，社会・環境のための企業活動ではなく，企業の持続性のための社会・環境問題への対応と捉えています。企業のサステナビリティーを巡る課題への取り組みとは，いわゆる社会貢献的な取り組みではなく，自社の存続のために直接影響し得る社会・環境問題に対する取り

組みであり、まずは、課題が何であるかを検討することが求められています。

　経営陣は、株主の視点を認識し、経営戦略の中にサステナビリティーを巡る課題への対応を組み込み、上場会社の持続的成長のための戦略として検討することが必要です。

■サステナビリティーを巡る課題の認識方法

　サステナビリティーを巡る課題は多様です。上場会社は、どの課題が自社にとって重要な課題であるかを把握することから始めなくてはなりません。

　サステナビリティーを巡る課題は、上場会社では主にCSR担当部署が取り扱ってきました。CSR担当部署が、国際的なサステナビリティ・レポーティングのガイドラインであるGlobal Reporting Initiative（GRI）4.0に準拠したCSR報告書（またはサステナビリティー報告書）を作成するため、自社にとって何が重要な課題（マテリアリティ）なのかを把握する「マテリアリティ分析」を実施している上場会社もあります。

　この方法により当原則に準拠するための課題認識を行う場合は、以下のように、NPO/NGOや専門家などとのステークホルダーエンゲージメントの中で、ESG投資を行う株主やSRIインデックス調査機関との対話も含め、株主が捉えているESG課題を認識することが望ましいと考えます。

〔サステナビリティーを巡る課題認識の手順の例〕
①課題把握，抽出
　SRIインデックス調査機関などからのアンケートやレビューへの対応、業界や他社の取り組み状況の情報収集などにより、課題を把握・抽出。

②各課題の重要性，取り組み状況の把握
　社員の認識・取り組み状況の社内調査や、NPO/NGOや専門家などとのステークホルダーダイアログに加えて、SRIインデックス調査機関やESG投資を行う機関投資家のESGアナリストなどとの対話を踏まえ、それぞれの課題

の関連性，重要度などを整理。

③**各課題のマテリアリティマップ分析**
　②で整理した各課題を図表2-5のマテリアリティマップ上に重要度をもとにプロット。

④**レビューによる重要な課題の特定**
　取締役会などでマテリアリティな課題，経営に影響する重要性の高いサステナビリティーの課題として特定。具体的なアクションプランを策定。(第三者意見，専門家によるレビューを経る場合もある)。

図表2-5　マテリアリティマップ分析

（縦軸：ステークホルダーの関心度・影響度／横軸：経営への影響度）
　最重要課題が位置する領域
　重要課題が位置する領域
　重要ではない課題が位置する領域
　課題

図表2-6　ESGに関する対話の対象者（網掛け）

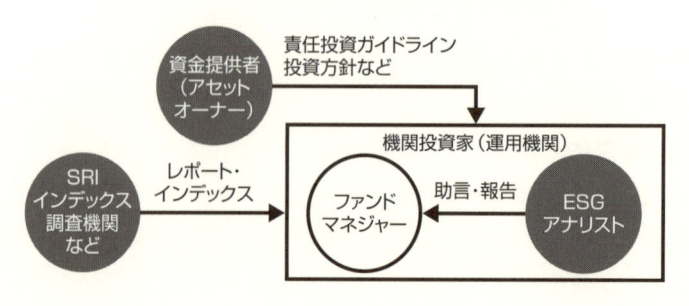

資金提供者（アセットオーナー）　→　責任投資ガイドライン　投資方針など　→　機関投資家（運用機関）
SRIインデックス調査機関など　→　レポート・インデックス　→　ファンドマネジャー　←　助言・報告　←　ESGアナリスト

【原則2-4　女性の活躍促進を含む社内の多様性の確保】

上場会社は，社内に異なる経験・技能・属性を反映した多様な視点や価値観が存在することは，会社の持続的な成長を確保する上での強みとなり得る，との認識に立ち，社内における女性の活躍促進を含む多様性の確保を推進すべきである。

1. 背景となる株主の考え方

企業の価値創造の観点を踏まえた多様性の確保

当原則では女性の活躍促進をあげていますが，ここで求められている多様性は性別に限られるわけではなく，各会社の置かれた状況に応じて，経歴・年齢・国籍・文化的背景等幅広い内容も含まれると考えられます。

特に，海外の機関投資家は，さまざまな価値観を持つ顧客への対応や労働力の効率的な活用に向けて，性別だけでなく，国籍や人種，経験，技能も含め，多様性のある社員の確保は極めて重要であると考えています。

しかし，これらは意識的に改革を図らなければ容易には達成できません。そのため，株主は，多様性に取り組んでいるかどうかだけではなく，その対応の仕方で企業のカルチャーを見たいと考えています。単に多様性が高ければよいのではなく，上場会社の価値創造との関連で，何が必要なのかという観点を踏まえて多様性の確保に取り組んでいることが必要です。

2. 具体的な実務の例

ビジネスの状況を踏まえた多様性の確保の取り組みとその説明

現在，多くの上場会社で女性の活躍促進に向けたさまざまな取り組みが行

われています。国別の女性管理職の比率などのさまざまなデータを見ると，日本の上場会社の取り組みは遅れていますが，女性管理職の育成は時間がかかり，一朝一夕にはいきません。このため，欧米の企業の中にも，女性の活躍に向けて真剣に取り組んでいるものの，女性役員数や管理職数としては十分ではないという企業も少なくありません。株主は，このような状況を理解しているため，単に女性役員や管理職数がどれだけいるかということだけをチェックしているわけではありません。なぜ，女性をはじめとするダイバーシティの確保が重要なのか，ビジネスの状況を踏まえて，女性に限らず，社員の国籍，経歴・知見・技能なども含めた多様性の確保のためのタレントマネジメントの考え方を整理して方針として定め，取り組むことが重要となります。

　なお，当原則では遵守状況の開示を求められていませんが，サステナビリティー報告書などで記載する場合や株主から説明を求められた場合は，多様性確保の方針や状況の説明に加え，具体的なビジネスの中でどのような点で多様性がプラスとなっているのか，多様性を確保していたからできたことなどの具体例の説明があると効果的です。

　なお，取締役会での多様性確保は原則4-11に記載されており，ここでは主に従業員レベルの多様性を念頭に置いています。

【原則2-5　内部通報】

　上場会社は，その従業員等が，不利益を被る危険を懸念することなく，違法または不適切な行為・情報開示に関する情報や真摯な疑念を伝えることができるよう，また，伝えられた情報や疑念が客観的に検証され適切に活用されるよう，内部通報に係る適切な体制整備を行うべきである。取締役会は，こうした体制整備を実現する責務を負うとともに，その運用状況を監督すべきである。

補充原則①

　上場会社は，内部通報に係る体制整備の一環として，経営陣から独立した窓口の設置（例えば，社外取締役と監査役による合議体を窓口とする等）を行うべきであり，また，情報提供者の秘匿と不利益取扱の禁止に関する規律を整備すべきである。

1. 背景となる株主の考え方

社長を最終報告者とする内部通報制度への不信感

　外国人投資家は，過去の不祥事事例などから見て日本の上場会社の内部通報制度が必ずしも適切に機能していないのではないかと考えています。体制が整備されているとされていた上場会社でも，最終報告者が社長であったために機能しなかったという例もあり，形式的には整っていても効果がないという事例が見られます。

　内部通報制度は上場会社を最悪の事態から守るために重要な仕組みですので，社外者を窓口とする体制が整えられていることは上場会社が市場から信頼を確保する上で必要不可欠であり，投資の大前提といえます。

2. 具体的な実務の例

社外者を窓口とする内部通報制度の整備

　公益通報者保護法などにより内部通報制度を設けている上場会社は多いものの、運用の実態は上場会社によってさまざまであるとの指摘に対応し、改正会社法・改正施行規則では、大会社の取締役会が整備すべき内部統制システムの内容として、新たに、監査役への報告体制、および監査役への報告を理由とする不利益取扱いを防止する体制が追記されました（改正会社法施行規則98条4項3号〜6号100条4項3号〜6号等）。当原則は、改正会社法に対応することで遵守できると考えられます。

　一般的に、社内に通報窓口を設置した場合、社長が最終報告者であるため、組織的な隠ぺいを防げないと考えられています。社長など一握りの経営トップと幹部社員のみが知り、指示命令系統のもとに行われる会社ぐるみの不祥事の隠ぺいは、監査役、会計監査人でも把握は難しいと考えられます。

　このため、補充原則①のとおり、指示命令系統以外の者、つまり経営を監査する監査役に加え、客観的な第三者の立場で業務執行を監督する社外取締役を加えた監査役との会議体や、あるいは外部の法律事務所などを通報窓口にすることが有効と考えられます。

　会社法施行規則の改正を受け、取締役会で決定する「内部統制システムの基本方針」の追加項目も、「監査を支える体制を整備する」というような方針だけではなく、社外者を窓口とするなどの具体的な仕組みまで整備した上で、これらの内容も含めて決議することが望まれます。さらに、改正会社法施行規則118条2号で新たに開示することになった「当該体制の運用状況の概要」においても具体的な記載が求められており、これらを含めた開示が望ましいものとなります。

3 適切な情報開示と透明性の確保

【基本原則3】
　上場会社は，会社の財政状態・経営成績等の財務情報や，経営戦略・経営課題，リスクやガバナンスに係る情報等の非財務情報について，法令に基づく開示を適切に行うとともに，法令に基づく開示以外の情報提供にも主体的に取り組むべきである。
　その際，取締役会は，開示・提供される情報が株主との間で建設的な対話を行う上での基盤となることも踏まえ，そうした情報（とりわけ非財務情報）が，正確で利用者にとって分かりやすく，情報として有用性の高いものとなるようにすべきである。

考え方

　上場会社には，様々な情報を開示することが求められている。これらの情報が法令に基づき適時適切に開示されることは，投資家保護や資本市場の信頼性確保の観点から不可欠の要請であり，取締役会・監査役・監査役会・外部会計監査人は，この点に関し財務情報に係る内部統制体制の適切な整備をはじめとする重要な責務を負っている。
　また，上場会社は，法令に基づく開示以外の情報提供にも主体的に取り組むべきである。
　更に，我が国の上場会社による情報開示は，計表等については，様式・作成要領などが詳細に定められており比較可能性に優れている一方で，定性的な説明等のいわゆる非財務情報を巡っては，ひな型的な記述や具体性を欠く記述となっており付加価値に乏しい場合が少なくない，との指摘もある。取締役会は，こうした情報を含め，開示・提供される情報が可能な限り利用者

にとって有益な記載となるよう積極的に関与を行う必要がある。

　法令に基づく開示であれ，それ以外の場合であれ，適切な情報の開示・提供は，上場会社の外側にいて情報の非対称性の下におかれている株主等のステークホルダーと認識を共有し，その理解を得るための有力な手段となり得るものであり，「『責任ある投資家』の諸原則《日本版スチュワードシップ・コード》」を踏まえた建設的な対話にも資するものである。

【原則3-1　情報開示の充実】

　上場会社は，法令に基づく開示を適切に行うことに加え，会社の意思決定の透明性・公正性を確保し，実効的なコーポレートガバナンスを実現するとの観点から，（本コードの各原則において開示を求めている事項のほか，）以下の事項について開示し，主体的な情報発信を行うべきである。

(i)　会社の目指すところ（経営理念等）や経営戦略，経営計画

(ii)　本コードのそれぞれの原則を踏まえた，コーポレートガバナンスに関する基本的な考え方と基本方針

(iii)　取締役会が経営陣幹部・取締役の報酬を決定するにあたっての方針と手続

(iv)　取締役会が経営陣幹部の選任と取締役・監査役候補の指名を行うにあたっての方針と手続

(v)　取締役会が上記(iv)を踏まえて経営陣幹部の選任と取締役・監査役候補の指名を行う際の，個々の選任・指名についての説明

補充原則①

　上記の情報の開示にあたっても，取締役会は，ひな型的な記述や具体性を欠く記述を避け，利用者にとって付加価値の高いとなるようにすべきである。

補充原則②

　上場会社は，自社の株主における海外投資家等の比率を踏まえ，合理的な範囲において，英語での情報の開示・提供を進めるべきである。

1. 背景となる株主の考え方

投資の前提となる問い

　当原則は，コーポレートガバナンス報告書に記載される開示情報の中でも，とりわけ株主の関心が高い原則です。当原則で求められている開示は，コーポレートガバナンスの根幹をなす部分であり，株主が上場会社のコーポレートガバナンスに対する考え方を理解する上でベースとなります。

　株主が上場会社にコーポレートガバナンスの在り方・考え方を聞くのは，その上場会社のガバナンス体制が一貫した考え方の下に整合的に構築されているか，つまり，信頼できて実効性のあるガバナンス体制か？という投資する際の前提となる問いに対する解を見出すためです。形式的，表層的でひな型に沿ったような書き方で説明した場合，株主から見た投資の前提となる問いに答えていないため，当然，その会社のガバナンスへの信頼性や長期的な目標到達への確信度も低くなります。

ひな型的ではない表現への期待

　議決権行使担当者やガバナンス担当者を除いて，一般的な株主は必ずしも上場会社が開示する法定書類などのガバナンス関連の文書には馴染みがありません。個人株主だけでなく業績動向を中心に分析しているアナリストやファンドマネージャーに対しても，できるだけわかりやすい文章で企業価値向上に結びつくようにガバナンスの在り方・考え方を説明していくことは，自社の魅力を伝える上で極めて有益です。

　通常，上場会社の総務・法務の担当者は，「開示するリスク」（開示しすぎることで，さまざまな指摘を受けやすくなるリスク）を意識しますが，逆に，IR担当者は，「開示しないリスク」（十分な情報開示をしないことによる株主からの不信感）を意識します。「開示するリスク」と「開示しないリスク」は適切なバランスをとることが重要ですが，特に，当原則では，十分な開示

がない場合，株主の理解が得られないと考えられるので，「開示しないリスク」を重視する必要があります。

英文での情報開示

海外に運用拠点があり日本人の運用者がいない運用機関では，英文の開示がない上場会社に対しては情報不足ゆえに深い理解に基づく長期投資を行うことは困難です。英文の開示がない場合，投資を行う外国人投資家は，結果として，短期投資家やパッシブ系投資家が中心となります。その場合，議決権行使に関しても，議決権行使助言会社の判断のまま従う可能性が高まります。上場会社は日本語を理解できない株主に対しても英文での開示を行うことで，できるだけ丁寧に内容を伝える努力が必要といえます。

2. 具体的な実務の例

投資の前提となる問いに訴える一貫性のある説明

当原則の内容については，多くの上場会社において，すでに何らかのものが定められています。しかしながら，これらをそのまま開示すればよいと安易に考えるべきではありません。上場会社はガバナンス体制が一貫した考え方の下，整合的に構築されているためには，当原則の5項目が一貫性を持っていることが重要です。

株主が最も知りたいと考えるのは，その上場会社が「どのような価値を，どのように創造しようとしているのか」という，経営者が思い描いている"ビッグピクチャー"です。"ビッグピクチャー"とは，上場会社は「どこを目指しているのか（経営理念等）」，目指すところへは「どのような道筋で，どうやって進むのか（経営戦略・計画，ビジネスモデル・収益構造・資本政策）」「どのように適切で規律ある経営を行うのか（コーポレートガバナンス，行動準則，ESG）」「今はその道筋のどこにいるのか，今後はどう進むのか（中計・年計）」というような内容であり，目指す目的地までの進み方が記され

図表2-7 株主が知りたい"ビッグピクチャー"
どのような価値をどのように創造するのか

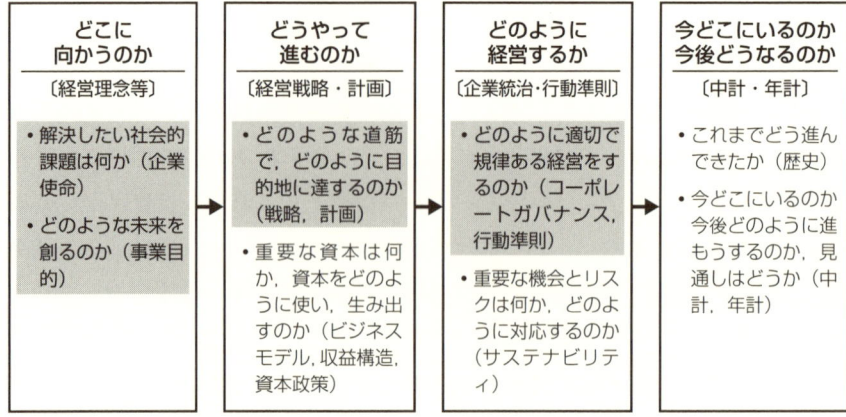

どこに向かうのか〔経営理念等〕	どうやって進むのか〔経営戦略・計画〕	どのように経営するか〔企業統治・行動準則〕	今どこにいるのか今後どうなるのか〔中計・年計〕
・解決したい社会的課題は何か（企業使命） ・どのような未来を創るのか（事業目的）	・どのような道筋で，どのように目的地に達するのか（戦略，計画） ・重要な資本は何か，資本をどのように使い，生み出すのか（ビジネスモデル，収益構造，資本政策）	・どのように適切で規律ある経営をするのか（コーポレートガバナンス，行動準則） ・重要な機会とリスクは何か，どのように対応するのか（サステナビリティ）	・これまでどう進んできたか（歴史） ・今どこにいるのか今後どのように進もうするのか，見通しはどうか（中計，年計）

※太字・網かけは，原則3-1の要素

た大きな地図となります。

したがって，ここでは，ガバナンスの根幹をなす当原則の5つの要素を，経営者の"ビッグピクチャー"の中で整理し，

(ⅰ)目指すべき目的地（経営理念等）とそこに向けた道筋と計画
(ⅱ)それを進めるためのガバナンス体制の在り方の考え方・基本方針
(ⅲ)推進する経営チームのモチベーションを考えた報酬の在り方
(ⅳ)推進する経営チームのメンバーの選び方
(ⅴ)実際に選ばれた経営チームのメンバーの指名・選任理由

を一貫したストーリーに沿って説明することが望ましいものとなります。

暗黙的であった方針・手続きの見直し，任意記載の充実

(ⅱ)から(ⅴ)までの項目は，多くの上場会社において，これまで暗黙的に運用されてきました。役員報酬や役員指名の方針などは，役員の報酬や人事に関わるものですから，上場会社の多くは，慣例としてあまり詳らかにしてきませんでした。今回，開示するにあたって，対外的に見て合理性のある方針や

手続きであるかどうかを改めて見直し，設定し直す必要性も出てきます。これらは，開示義務だからと表面的に対応し，これまでのやり方を続けるのではなく，この機会に真摯に改善することが望ましい項目です。

また，この原則で開示が求められていることは，いくつかの上場会社がこれまで任意開示してきた内容ですが，多くの上場会社はひな型に沿った書き方をしています。今回は，「開示しないリスク」を考え，コーポレートガバナンス報告書での開示だけでなく，招集通知への任意記載も望ましいと考えられます。

具体的な各内容の考え方，留意点は次のとおりです。

①経営理念等，経営戦略，経営計画

上場会社の多くは，経営理念等，経営戦略，経営計画を開示しています。特に，経営戦略，経営計画は，3か年計画，中期計画などの形で開示しています。そのため，これらのものをそのまま開示すればよいと考えがちですが，実は，現在の多くの上場会社が開示している経営戦略，経営計画は，株主が知りたいと考えている経営戦略，経営計画とは異なっています。

株主は，「企業が目指すところ（経営理念等）」と，「その目指すところに進む道筋（経営戦略）」，「その道筋を進むための中長期の計画（経営計画）」が，すべて一貫性を持って語られていることを求めています。

目指すところ（経営理念等）と，経営戦略があまりに遠くかけ離れていると，経営自体が実態としては長期的な目標とかい離し短期的な視点で行われているのではないかと見られることもあります。

本来，経営理念等で示される「企業が目指すべきところ」とは，事業を通じて実現したい夢，ビジョンであり，遠い存在です。しかしながら，一般的に多くの上場会社で語られる経営戦略は3か年程度の中期計画またはその延長線にある計画であり，目的地に到達するまでの工程や関連性を具体的に示したものではありません。

また，欧米企業では，具体的な中期の一時点における，売上・利益などの

数値目標は開示していないケースも多く見られます。世界の動きは早く，経営環境の変化は激しいため，外部要因で計画が狂うことも多く，3年前に立てた数値は陳腐化している場合もあります。日本の上場会社の多くが中計未達に終わることが多いのも，外部環境に大きく影響を受ける一時点の計画数値を示しているという，そもそものやり方による部分も大きいと考えられています。

　このようなことから，長期視点の株主が知りたい経営理念を踏まえた経営戦略，経営計画は，3か年戦略や中期計画の数値ではなく，むしろ上場会社が目指すところと，そこに向かう長期的な道筋，経営者が描く"ビッグピクチャー"に重点が置かれたものとなります。

②コーポレートガバナンスの基本的考え方と基本方針
　コーポレートガバナンスの基本的考え方・基本方針は，海外では，「コーポレートガバナンス・ガイドライン」と呼ばれるものに相当します。コーポレートガバナンス・ガイドラインでは，その上場会社のガバナンスに関する総論的な考え方と，機関設計や制度・手続きなどの各論を文書化し公表しています。本項目では，海外の「コーポレートガバナンス・ガイドライン」のような詳細な内容のものの策定と開示まで求められているわけではありませんが，ガバナンスに対する総論的な考え方と各原則への大まかな対応方針を示すことは必要です。

　総論的な考え方と各原則への大まかな対応方針であるので，上場会社それぞれの考え方を十分に検討し表すこととなりますが，コーポレートガバナンスの基本的考え方・方針は，①で述べた経営者のビッグピクチャーの一環であることを踏まえると，以下の2つの側面を考えることが重要となります。

　1つは，誰のためのガバナンスかという「対象」から見た側面です。日本では，コーポレートガバナンスを「経営者による社内の統治」あるいはリスクマネジメントと捉えている上場会社が少なくありません。しかしながら，コーポレートガバナンスは，株主を主要な起点とした考え方でも捉える必要

があります。会社は誰のものかの議論では，さまざまな考え方がありますが，少なくとも資本の出し手である株主への受託者責任を意識したガバナンス体制を構築していることは必要といえるでしょう。経営陣は，株主から経営を託されているという受託者責任の意識を強く持ち，経営の規律を高め，従業員にインセンティブを与え，企業価値を拡大する方法こそが，コーポレートガバナンスであると認識するべきなのです。

もちろん，会社は社会の公器です。株主価値のほか，顧客価値，従業員価値，取引先価値などがあり，これらのステークホルダーの価値が増加し，結果として株主が考える企業価値拡大につながるように，株主と他のステークホルダーをどう捉えてガバナンスを実効性のあるものにしていくかという考え方を整理する必要があります。

もう1つは，経営理念の達成に向けた経営戦略・計画の中で，現在はどのような「戦略ステージ」かという側面です。

目指すところ（経営理念など）への到達に向けて，ガバナンスの体制は，企業の戦略ステージに応じて変わるべきです。例えば，上場によって創業者のプライベートカンパニーから公器としてのパブリックカンパニーへと変わる戦略ステージであれば，株主構成や役員体制が変わり，ガバナンスの考え方も変えるときとなります。また，グローバル化を推し進める戦略ステージであれば，役員体制のグローバル化が重要な要素となり，外国人役員招聘のための役員報酬制度も必要となってきます。常に，目指すところに到達する戦略と一体となってガバナンス体制が変化していくことが大事なのです。

「ガバナンスの対象」と「戦略ステージ」という2つの側面を踏まえて，ガバナンスに対する総論的な考え方と，それに基づいた各原則への大まかな対応方針を策定します。

図表2-8　戦略的ステージに沿ったコーポレートガバナンスの基本的考え方と基本方針

経営戦略	目指すところに向かう道筋と，その道筋における現在の戦略ステージ

↓

コーポレートガバナンスの基本的考え方	現在の戦略ステージに見合ったガバナンスの在り方 （例：創業家からの離脱ステージ，グローバル化加速ステージ）

↓

基本的考え方を踏まえたコーポレートガバナンスの基本方針	機関設計の考え方，取締役会の役割と責務の考え方
	取締役の選任，報酬の方針と方法，後継者育成の方法
	経営陣への委任の範囲，独立社外取締役の活用の方針
	取締役会の知識・経験・能力バランス，多様性，規模の考え方
	役員研修の在り方，取締役会評価の在り方
	資本政策，資本効率の考え方

現在の戦略ステージを考えながら，一貫性のある具体的な内容とする

③役員報酬の方針と手続き

「役員報酬」と「役員指名」を行う際の方針と手続きは，公明正大で透明性が高いものであることを意識し，取締役会が特に注意しながら決定する必要があります。

まず，役員報酬の方針は，経営陣幹部にどのようなインセンティブを与えれば，戦略遂行，計画達成に向けてモチベートされるかという考え方を明確化します。

詳細な報酬制度の内容は補充原則4-2①で求められていますが，ここでは，

- 固定報酬中心で年功序列的要素のある日本式報酬制度か，業績連動性の高い米国型か，その中間であり固定報酬と業績連動のバランスをとる欧州型か，などの制度設計
- 役員別（取締役，監査役，社外役員，執行役（執行役員）等）の考え方
- 固定報酬と業績連動報酬の割合や種類，経営計画・業績との連動方法などの考え方

- 企業規模等の他社比較を踏まえた報酬額全体のレベルの考え方

などを方針として定めます。

　このとき，重要なのが，業績連動報酬は何と連動するかです。年間業績，中期計画，長期戦略・計画など，短中長のレンジで，財務的な業績のみならず，非財務的な取り組みの成果なども含めて考え方を整理します。ここでも経営理念，戦略，計画との一貫性が求められます。

　次に，報酬の決め方の手続きとして，公明正大で透明性のある決定方法を定めます。社長によるお手盛りではなく，適正な役員報酬制度のもとで公表された算定基準に従い，社外取締役を中心とした報酬委員会（任意委員会）などの透明性が高い会議体で最終金額が算出され，取締役会で決定（一部は株主総会決議）する仕組みを構築することが望まれます。

④役員指名の方針と手続き

　経営陣幹部と取締役・監査役候補指名の方針としては，まず，戦略ステージに応じた役員体制の考え方を整理します。グローバル化推進のステージであればグローバル人材を登用することになり，これまでの画一的な発想から抜け出し，新たな領域にチャレンジしようというような状況であれば，女性や社外人材の登用など多様性を求めることもあります。

　同時に，これらの事業活動のための経営陣幹部・役員の体制だけではなく，監督・監査・助言のための社外役員の体制も状況に応じて変化します。初めて社外取締役を招聘し，社外役員を含む取締役会の形を整えるステージなのか，次の段階に入り，社外役員の比率を増すことで意思決定の積極性や業務執行の合理性を担保するステージなのかによっても対応は異なります。

　まずは，経営のステージに応じた経営陣幹部・役員の体制の考え方，特に，多様性や経験・知見の在り方，社内・社外のバランスなどを明確にします。

　次に，指名を行う手続きとして，社長の腹一つで決まる人事ではなく，社外取締役を中心とした指名委員会（任意委員会）など透明性の高い会議体で決定され，役員候補は取締役会決議を経て総会に付議される仕組みを構築す

ることが望まれます。

特に、注意したいのが、後任社長の選任の手続きです。現社長の一存で決まるのではなく、指名委員会（任意委員会）において社外役員の目で審議され、客観的合理性を持って選定されるプロセスが必要です。指名委員会の中で、社長指名のために社外役員だけの特別部会を編成する方法もあります。

⑤役員個々の選任・指名についての説明

役員人事も人事である以上、理由のすべてをオープンにはしにくいものです。特に、社外役員はともかく社内役員の説明は、どうしても表層的となります。この現実を踏まえて、当原則は「選任理由」とならなかったことを考慮し、客観的合理性を持って経営陣幹部や役員に選任・候補指名されるに至った過程を示すことも考えられます。

英文で情報開示しないことのリスク（SECルール12g3-2(b)）

背景となる株主の考え方で説明したとおり、海外に運用拠点があり日本人の運用者がいない運用機関は、英文の開示がない上場会社に長期投資を行うことは困難なため、外国人投資家に適切な理解を求めるためには、英文での開示は必須です。

さらに、株主構成によっては、米国証券取引委員会（SEC）ルール12g3-2(b)違反に該当する可能性を考慮する必要があります。当SECルールでは、米国で流通する有価証券を発行している外国会社（この場合は日本企業）は、開示情報の英訳を自社サイトなどに掲載することで、SECへの開示資料の登録を免除されます。米国では、外国会社（つまり日本企業）が、英語版アニュアルレポートと英語のニュースリリースを出していれば、米国の預託銀行がADR（米国預託証券）を発行できます。これは、その企業がノンスポンサード（非公認）であっても可能です（いわゆる「勝手ADR」）。したがって、米国市場で株式を上場していなくとも、米国で流通する有価証券を発行している外国会社に該当する可能性があり、もし該当した場合、開示情報の

英訳を自社サイトに掲載していないとSECルール違反となる可能性があります。これらのことから保守的に考えると，英語版アニュアルレポートと英語のニュースリリースを発行している上場会社は，重要な情報開示は，すべて英訳し自社サイトなどに掲載しておくことが望ましいものとなります。

【原則3-2　外部会計監査人】

　外部会計監査人及び上場会社は，外部会計監査人が株主・投資家に対して責務を負っていることを認識し，適正な監査の確保に向けて適切な対応を行うべきである。

補充原則①

監査役会は，少なくとも下記の対応を行うべきである。

(i)　外部会計監査人候補を適切に選定し外部会計監査人を適切に評価するための基準の策定

(ii)　外部会計監査人に求められる独立性と専門性を有しているか否かについての確認

補充原則②

取締役会及び監査役会は，少なくとも下記の対応を行うべきである。

(i)　高品質な監査を可能とする十分な監査時間の確保

(ii)　外部会計監査人からCEO・CFO等の経営陣幹部へのアクセス（面談等）の確保

(iii)　外部会計監査人と監査役（監査役会への出席を含む），内部監査部門や社外取締役との十分な連携の確保

(iv)　外部会計監査人が不正を発見し適切な対応を求めた場合や，不備・問題点を指摘した場合の会社側の対応体制の確立

1. 背景となる株主の考え方

▌投資の大前提である適正な監査の確保

　会計監査人による監査は，適正に行われていることを前提に，株主は投資

を行っています。しかしながら，一度，これに疑念が生じた場合には徹底した調査が必要となると同時に，不透明な部分や誠実でない対応が見られた場合には投資不適格と位置づけられ，その信頼が回復することは容易ではありません。株主にとってコードで示されている内容が確実に実現できていることは不可欠の条件といえます。

2. 具体的な実務の例

会計監査人の選解任の議案内容の決定，そのための評価と基準の策定

2014年会社法改正により，株主総会に提出される会計監査人の選解任等に関する議案の内容は，監査役会設置会社においては監査役会が決定することとされたこと（改正会社法344条）から，選任（再任を含む）・解任を主体的に判断するための方針や評価基準を定めることが求められています。

具体的には，まず，会社法改正を受け，『「会計監査人の解任または不再任の決定の方針」の策定は，監査役が行うことが自然である。』[8]との日本監査役協会の見解も踏まえ，監査役会で，現状の同方針の内容を見直します。現在の同方針の中に，改正前の会社法の規定により，監査役会の同意または請求を受け，取締役会が同議案を決定し総会に上程する旨の記述がある場合，これを，監査役会が，経営執行部門（内部監査部門，財務・経理部門など）の見解を踏まえ同議案の内容を決定し，取締役会が当該決定に基づき同議案を総会に上程する旨に変更します。

なお，この選解任を適正に決定するために，監査役会は，経営執行部門との密な連携を必要とし，取締役会は，連携のための体制整備に努めなければなりません。

また，選任（再任を含む）・解任の判断は毎年行い，会計監査人の職務の評価と議案検討のプロセスを記録することが重要となります。

---

[8]（公社）日本監査役協会・会計委員会（2015）。

〔会計監査人の職務の評価と議案検討のプロセスの例〕
①会計監査人の会計監査活動実績のまとめ
- 監査役または監査役会が実施した会計監査活動を整理
  (会計監査人からの報告聴取や現場立会いなどの実績、監査役会と会計監査人のディスカッション結果などの確認)
- 会計監査人の会計監査活動を把握
  (最高財務責任者、財務経理部門・内部監査部門責任者等から、会計監査の実績報告、常勤監査役が会計監査人作成の監査実績報告を直接聴取)

②会計監査人の再任に関する情報収集・分析
- 経営執行部門から会計監査人選解任に関する意見聴取
  (適切な監査の実施状況などの意見聴取と協議)
- 会計監査人から以下の事項に関する聴取
  (会計監査人が経営執行部門と協議した重要な事項、会計監査人の独立性に関する事項、その他職務の遂行に関する事項、会計監査人の監査体制・ローテーション等)

　これらのプロセスを経て、監査役会で再任・解任の判断を行います。
　次に、今後、選任（再任を含む）・解任の判断にあたっての評価基準と、会計監査人の独立性と専門性の確認の基準を、監査役会で定める必要があります。現在、監査の品質は、監査法人が定める監査品質管理基準に従い保たれていますが、今後は、上場会社側も独自の監査品質基準を検討し、選解任の判断基準・独立性と専門性の確認方法を策定することが考えられます。上場会社側の監査品質基準の検討にあたっては、2015年5月に日本公認会計士協会が、国際会計士連盟の国際監査・保証基準審議会（IAASB）の「A

Framework for Audit Quality」をもとに取りまとめた「監査品質の枠組み」[9]などを参考に，

- 会計監査人の独立性・専門性の判断の方法
- 会計監査人の監査法人が行う非監査業務に関する方針や考え方
- 会計監査人のローテーションの基準
- 期待する監査品質に至らない場合の対応の判断基準や考え方・手続き

などを明確化します。

なお，この判断の基準と独立性・専門性の判断方法は，「会計監査人の解任または不再任の決定の方針」とともに任意開示することも考えられます。

適正な会計監査の確保に向けた体制の確立

有識者会議では，開示情報の信頼性を確保する観点から，必要十分な監査時間を確保することが極めて重要であるという意見がありました。補充原則②は，決算発表の早期化，招集通知の早期発送などの要請に応えるため，監査時間にしわ寄せが行きがちであるという現状を踏まえ，投資の大前提である適正な監査の確保に向けた体制の確立を，取締役会，監査役会に求めたものです。

改めて社内で点検し，補充原則の6項目の取り組みが不十分であれば是正しておくことが望まれます。また，これらの取り組みは，必要性に応じて任意開示する準備をしておきます。

---

9) 日本公認会計士協会・監査基準委員会 (2015)。

4 取締役会等の責務

【基本原則4】取締役会等の責務

　上場会社の取締役会は，株主に対する受託者責任・説明責任を踏まえ，会社の持続的成長と中長期的な企業価値の向上を促し，収益力・資本効率等の改善を図るべく，
(1) 企業戦略等の大きな方向性を示すこと
(2) 経営陣幹部による適切なリスクテイクを支える環境整備を行うこと
(3) 独立した客観的な立場から，経営陣（執行役及びいわゆる執行役員を含む）・取締役に対する実効性の高い監督を行うこと
をはじめとする役割・責務を適切に果たすべきである。
　こうした役割・責務は，監査役会設置会社（その役割・責務の一部は監査役及び監査役会が担うこととなる），指名委員会等設置会社，監査等委員会設置会社など，いずれの機関設計を採用する場合にも，等しく適切に果たされるべきである。

考え方

　上場会社は，通常，会社法（平成26年改正後）が規定する機関設計のうち主要な3種類（監査役会設置会社，指名委員会等設置会社，監査等委員会設置会社）のいずれかを選択することとされている。前者（監査役会設置会社）は，取締役会と監査役・監査役会に統治機能を担わせる我が国の制度である。その制度では，監査役は，取締役・経営陣等の職務執行の監査を行うこととされており，法律に基づく調査権限が付与されている。また，独立性と高度な情報収集能力の双方を確保すべく，監査役（株主総会で選任）の半数以上

は社外監査役とし、かつ常勤の監査役を置くこととされている。後者の2つは、取締役会に委員会を設置して一定の役割を担わせることにより監督機能の強化を目指すものであるという点において、諸外国にも類例が見られる制度である。上記の3種類の機関設計のいずれを採用する場合でも、重要なことは、創意工夫を施すことによりそれぞれの機関の機能を実質的かつ十分に発揮させることである。

また、本コードを策定する大きな目的の一つは、上場会社による透明・公正かつ迅速・果断な意思決定を促すことにあるが、上場会社の意思決定のうちには、外部環境の変化その他の事情により、結果として会社に損害を生じさせることとなるものが無いとは言い切れない。その場合、経営陣・取締役が損害賠償責任を負うか否かの判断に際しては、一般的に、その意思決定の時点における意思決定過程の合理性が重要な考慮要素の一つとなるものと考えられるが、本コードには、ここでいう意思決定過程の合理性を担保することに寄与すると考えられる内容が含まれており、本コードは、上場会社の透明・公正かつ迅速・果断な意思決定を促す効果を持つこととなるものと期待している。

1. 背景となる株主の考え方

日本企業の低迷の要因

日本企業の低迷の大きな理由として、
- 資本効率という経営規律と長期的企業価値向上という指針のなさ
- 経営者の在任期間が比較的短期であるため、中長期的判断やリスクテイクを要する改革が欠如している
- 従業員との連帯、使命感・責任感、社会的信頼度等が経営者のインセンティブであり、顧客に対する品質・サービスや雇用の継続を優先し、株主を意識しない

などが伊藤レポートであげられています。

このように，日本企業は収益性の低い既存事業を継続し，中途半端な新規事業投資を行うなど，経営判断の是非を問われるような大胆なリスクテイクが十分に行われてこなかったと考えられています。その理由としては，経営が日常的な業務執行の意思決定中心で企業戦略の大きな方向性を示せていないこと，プロセスを評価することなく結果責任のみが問われるため健全なリスクテイクができていないことなどが原因としてあげられています。

日本型コーポレートガバナンスの問題点

　上場会社は，有価証券報告書やコーポレートガバナンス報告書において，「現体制を選択している理由」を語る際に，株主がどのように日本型コーポレートガバナンス体制を見ているのかを理解しておく必要があります。

　不祥事が起きる頻度は少ないものの，収益の低迷に際しても大胆な改革が行われない日本の上場会社のガバナンスは構造的な欠陥を抱えていると株主は考えています。また，企業不祥事の際にも日本型ガバナンスの問題はクローズアップされてきました。グローバルなトレンドを踏まえた透明性の高い機関設計が日本の上場会社にも必要であると考えられます。

　欧米の機関投資家は，経営と所有を分離し，
- 経営を，経営のプロである社長を筆頭とした執行役らの経営陣に任せていること
- 監督と執行の分離を図り，経営陣である執行役を選任し監督する者として，過半数を社外者が占める取締役会に委ねていること
- 業務執行を監督する取締役会の議長は業務執行者たる執行役社長が兼務せず，指名・報酬・監査の重要決議事項を社外取締役中心の委員会で決定していること

などの欧米型コーポレートガバナンスの仕組みが望ましいと考えています。したがって，欧米の機関投資家は，日本独自の機関設計に構造的な欠陥があると考えており，企業価値を評価する上で常にディスカウント要因となってき

たと考えられます。

株主が考えている日本型ガバナンスの構造的な欠陥

　一部の株主は，日本の上場会社の現状のガバナンス体制には，構造的欠陥があると感じており，その懸念に対し適切に対応することが必要です。

〔株主が考える構造的欠陥の例〕
- 取締役会の構成員の大半が業務執行担当者で占められているため，監督と業務執行の機能が分離されておらず，業務執行者が自らを監督することとなっている。(社内慣習的に処理され，本質的な問題解決が図られない)
- 取締役会の中に社長を頂点とした業務執行担当者の序列があり，人事も社長の専権事項となっているため，自由闊達な議論が行われない可能性がある。
- 監査役は取締役会での投票権を持たず，ごく少数の社外取締役では，社長の暴走や怠慢を止める仕組みが存在しない。
- 社外取締役の絶対数が少なく，客観的な声が反映されにくい。
- 取締役会の構成員は内部昇進者が多く，しかも稟議制度のため全体責任主義となり，問題が放置されがちである。
- 取締役に部門管理者が多く含まれるために，部門利益が優先され，企業全体の利益に対する意識が希薄である。
- 社外取締役にモニタリング機能ではなくアドバイザリー機能を求めるなど，取締役会が持つ監督機能に対する認識が弱い。
- 売上高至上主義で，従業員との連帯や，顧客，取引先との関係，社会的信頼を重視し，株主の利益にあまり関心を払わない。

【原則4-1　取締役会の役割・責務（1）】

取締役会は，会社の目指すところ（経営理念等）を確立し，戦略的な方向付けを行うことを主要な役割・責務の一つと捉え，具体的な経営戦略や経営計画等について建設的な議論を行うべきであり，重要な業務執行の決定を行う場合には，上記の戦略的な方向付けを踏まえるべきである。

補充原則①

取締役会は，取締役会自身として何を判断・決定し，何を経営陣に委ねるのかに関連して，経営陣に対する委任の範囲を明確に定め，その概要を開示すべきである。

補充原則②

取締役会・経営陣幹部は，中期経営計画も株主に対するコミットメントの一つであるとの認識に立ち，その実現に向けて最善の努力を行うべきである。仮に，中期経営計画が目標未達に終わった場合には，その原因や自社が行った対応の内容を十分に分析し，株主に説明を行うとともに，その分析を次期以降の計画に反映させるべきである。

補充原則③

取締役会は，会社の目指すところ（経営理念等）や具体的な経営戦略を踏まえ，最高経営責任者等の後継者の計画（プランニング）について適切に監督を行うべきである。

1. 背景となる株主の考え方

▍業務執行の議論が中心の取締役会

　日本の上場会社は取締役会メンバーのほとんどが経営陣（業務執行の取締役，執行役および執行役員）であることから，取締役会と経営陣もしくは経営陣の会議（執行会議，経営会議，役員会議などといわれる会議）との役割分担が明確でなく，ともすれば，取締役会の事前調整の場が社内の経営陣の会議となり，取締役会は形式的に最終決定を行う"御前会議"になっているのでないかと考えられています。このために，監督と執行が分離されず，取締役会においても業務執行レベルの議論が中心となり，取締役会の最大の役割・責務である戦略的方向づけや資源配分の議論が不足しているため，経営陣による迅速果敢な意思決定が十分にされていないのではないかと株主は考えています。

▍中期計画の実行力への信頼の低さ

　中期計画の示し方については，株主によってさまざまな考え方があります。ただし，中長期の株主は必ず中長期の業績予想を作成しますので，上場会社が中期計画を策定し開示することは株主との対話を行う上で有効です。

　現在，多くの上場会社が中期計画を策定し開示していますが，計画実行力への信頼性が低いことが問題となっています。中期計画では細かな数値を複数開示することよりも，目標として設定した重要な数値をコミットメントと捉え，確実に実行していくことが求められています。ただし，その数値が過度に保守的であると，中期計画としての意味が乏しいものになってしまいます。

　また，長期的な戦略に沿った途中のマイルストーンを中期目標として示すことは有効ですが，一時点の目標数値として示すことが適切かどうかについては再検討が必要です。海外企業の中期計画は，中長期戦略におけるマイル

ストーンの目標数値の達成時期を明確にしていないケースも多く見られます。これは，外部環境要因による影響が大きい場合などに，中期計画の目標数値の達成時期が容易にぶれる可能性があるためです。このような本来コミットが難しい目標数値の達成を安易にコミットすること自体が無責任であるという捉え方もあります。日本の上場会社の多くは，中期計画最終年度の目標数値を示しながら，経済変動などにより未達に終わるということを繰り返し，信頼を失ってきました。海外の同一業種の企業がどのような目標設定を行っているかを参考に中期計画の示し方には工夫が必要だと考えられます。

透明性・公平性に欠ける後継者選び

社長の後継者をどう育成し，最終的に誰を次期社長とするかは，これまで社長の専権事項と考えられてきました。しかし，個人的な感情が加わる可能性がある後継者選びは，透明性・公正性に欠け，会社に対する自己の権力や影響力を保持する目的での後継者指名が行われているのではないかと疑われるようなケースもあります。特に，日本では，社長・会長経験者は相談役，顧問などに就くことが多く，陰で経営への影響力を持つ場合も多く見られることから，株主は後継者選びの方法を注視してきました。自己の権限を維持するための後継者育成ではなく，最適な人選を公明正大に行う仕組みを整えることが必要と考えられています。

2. 具体的な実務の例

取締役会と経営陣や執行会議等との役割分担の明確化と，社員の意識変革

企業価値向上を目指した攻めのガバナンスを行うために何が必要かという観点から，取締役会の役割が「法令上もしくは経営上の重要な意思決定」と「取締役の業務執行の監督」であることを踏まえ，取締役会での決議事項，報告事項と，業務執行の役員などの経営陣，あるいは経営陣からなる執行会議等に委ねる決裁権限を具体的に定め，その考え方と概要を開示します。

具体的には，取締役会の重要な意思決定は，戦略的方向づけと資源配分と認識し，日常の業務執行の意思決定は，経営陣もしくは経営陣からなる執行会議等に委ねます。多くの上場会社で取締役会規程等を設け，取締役会での専決事項や決裁権限を定めています。法令上および経営上の重要な意思決定に関わるものを取締役会決議事項とし，それ以外は，経営陣の意思決定に委ねるという内容の規程を設け，取締役会の役割と経営陣に委ねている意思決定の範囲を規定している場合は，その旨と規程の概要を開示します。

一方，取締役会規程などで明快に定めていない場合は，取締役会事務局などがこれまでの議題選定を見直し，規程づくりを行うとともに，長期的な戦略的方向付けと資源配分に関わるものか，日々の業務執行に関わるものかで分類し，各部門と調整しながら，取締役会運営を行っていきます。まずは，取締役会事務局と執行会議等の事務局が連携して，議題の分別を行います。

また，取締役会規程を定めている場合でも，規定どおりに運営されず，実際には，株主の指摘どおり，取締役会が業務執行レベルの議論に陥ってしまっているということがよく見られます。社外取締役の導入が進まない理由の1つに，「事業に精通している社外者がいない」というものがあげられますが，これは見方を変えれば，取締役会が業務執行レベルの議論が中心になってしまっている可能性があると捉えることもできます。取締役会が戦略的方向づけや資源配分中心の議論になっているのであれば，事業に精通していなくとも，その事業のプロ経営者である社内取締役の議論のプロセスと意思決定に客観的合理性があるかどうかの判断は十分にできるからです。逆に，日々の業務執行の意思決定は，その事業に精通していないとできません。

このように，取締役会規程で設けているにも関わらず，実際の運営ではそうなっていない理由として，2つの理由が考えられます。

1つは，伊藤レポートが日本の上場会社の低迷の理由としてあげていた，資本効率という経営規律と長期的企業価値向上という考えが不足していることがあります。取締役会が資本生産性を意識し，長期的な価値創造の観点での議論がなされているならば，戦略的方向づけと資源配分は取締役会で議論

され，日々の業務執行の決定は，おのずと経営陣に委ねられているはずです。その認識が取締役に不足していたために，必然的に業務執行レベルの議論に追われてしまったと考えられます。

もう1つは，社員の認識です。ともすれば，一般社員は昔ながらの感覚や過去からの慣習で，取締役会を最終決定の会議と考え，業務執行レベルでも重要と思われる事項はすべて取締役会の"お墨付き"をとっておこうという心理が働きます。さらに，社長をはじめ取締役に自らの業務成果を報告しアピールしたいという意識もあります。このような社員の心理的要因により，取締役会に業務執行レベルの議題が出されているという側面もあります。

これらの背景を踏まえ，取締役会規程を形骸化させず，取締役会の決議事項と経営陣に委ねることを明確に運営するためには，仕組みと意識面の両方の改革が重要と考えられます。

まず，仕組みの改革では，執行役員制度を導入するなど，仕事内容として役職を分離することで，監督と執行の分離を図ることも有効となります。

また，意識面の改革では，原則4-11に従い，取締役に資本生産性と長期的企業価値向上の視点を高めていくトレーニングの実施などを行うとともに，取締役会と執行会議等のそれぞれの具体的な決議事項・報告事項を社内に周知徹底し，社員の認識を変えていくことが求められます。

中期計画でコミットするマイルストーンと，要因分析結果と対策の開示

多くの上場会社としては，中期計画の内容はもとより，計画未達の場合も，十分にその要因分析を行い，適切な対策を打ち出していると考えていますが，株主は，必ずしも要因分析と対策立案が十分とは捉えられていない場合があります。当原則は開示が必須とはなっていませんが，中計目標未達の場合には，過去の意思決定を振り返り，状況によっては取り組むべき課題を真摯に捉え積極的な開示が望まれます。

また中期計画は，株主とのコミュニケーションを円滑に行う上で重要な材料であり，コミットメントや結果の分析を求められていることを理由に，開

示を見送ることは本来の趣旨に反します。

　一方，単純に，現在の業績数字を引き延ばしただけの計画や，社内のチャレンジ目標にすぎないような数値の開示も望ましくありません。さらに，多くの上場会社は経済，景気動向の前提次第で業績数値は大きく変動することから，特定の一時点（例えば中期計画の最終年度）の業績数値をコミットすることが適切かどうかはよく検討する必要があります。欧米の企業では特定の時点の特定の数字をコミットするのではなく，達成期限を切らず，経済変動などの外部要因によらない自助努力によって達成可能なやや大まかな目標数値などを発表している例も多く見られます。

　どのような形で中期目標を設定するべきなのかは，業種や事業特性などによって異なります。海外企業は努力の結果として達成することが可能な経営目標を設定することによって，外部環境の影響に依存した説明ではなく，その中でどのような経営努力を行ったのかがより明確に示しており，株主を始めとするさまざまなステークホルダーとの信頼感の醸成につながっています。コミットすべきは一時点の数字ではなく，そのとき，会社がどのような状態になっているかというマイルストーンです。

　また，中期計画については目標の未達・過達に関わらず，振り返りを行い，説明することが重要です。浮かび上がった課題に沿って適確な対応策をとっているかどうかを株主は見ています。外部要因に理由を求めるなど振り返りが曖昧なまま対応策を説明するのでは，経験が生かされず同じことを繰り返すと株主は捉えており，原因や責任を明らかにしないやり方は日本型ガバナンスにおける問題の象徴とも考えられています。

▍指名諮問委員会等の場でサクセッション・プランを監督

最適な人選を公明正大に行うため，
　①「サクセッション・プラン（後継者に関する計画）」の策定
　②指名諮問委員会などの社外取締役を中心とした後継者指名の方法の構築
　③「サクセッション・プラン」の実施状況のモニタリングを行う仕組み

を整え，最適な人材が選ばれていく透明性の高い仕組みを構築し，社内外に示すことが求められています。

これらの取り組みがすでに行われている上場会社は，その取り組みをコーポレートガバナンス報告書や招集通知，有価証券報告書などに任意記載し，先進的な取り組みを示すことが有効です。

他方，これらの取り組みが行われていない上場会社は，まず，これらの取り組みに着手することを取締役会で決定し，実施に向けた想定時期や工程をコーポレートガバナンス報告書で説明します。

なお，ここでは，育成中の後継者候補たちの氏名や育成状況の開示ではなく，仕組みを示すことが求められています。

前出の①から③までの取り組みの中で，②の後継者指名と③のモニタリングをする主体をどこがやるかは重要です。サクセッション・プランの状況を監督し，その育成状況を評価し，最終的な後継者を誰にするかの議論を，後継者候補本人がその中にいる場合もある取締役会の場で行うことは，好ましくありません。一方，社長ひとりの胸の内で育成方法や評価が決まるのは，公明正大といえず，本原則の主旨に反します。そのため，社外役員を中心とした指名諮問委員会などの組織で，経営から独立したメンバーと社長がサクセッション・プランに沿って後継者育成の状況をモニタリングし，最終的な後継者を指名していく方法が適切であると考えられます。

なお，社長が任期満了後も重任する可能性がある場合は，社長は指名諮問委員会での次期社長選定の議論に加わらず，社外役員だけで決定することが望ましいものとなります。

これらのことを踏まえ，後継者育成計画の監督と指名のための任意委員会の設置を検討していきます。他の原則とも関連しますが，原則4-10に従い，任意の指名諮問委員会の設置は特に前向きに検討する必要があります。

コラム⑩　海外企業の中期計画における数値目標

　海外企業は日本企業に比べ中期計画を設定し開示している企業自体が少なく，中期の経営目標を開示している企業でも日本企業のように一時点での目標数値を示したものは少ないといわれていますが，これは業種によっても差があります。例えば，ヘルスケアや資源エネルギー，テクノロジーなどの企業はあまり中期目標を明確には示していません。産業などは比較的中期的な目標を示していますが，GEやフィリップスのように達成時期を明示して目標を掲げている企業と，キャタピラーやシーメンスのようにベンチマーク目標を定めている企業など開示の仕方はさまざまです。

　中期計画を出している企業における目標設定の違いを具体的に見ると，GEやフィリップスは時期を明示していますが，売上高成長率や投下資本利益率をレンジあるいは最低限の数字は幾らという形で示しています。キャタピラーやシーメンスは到達時期を明示せず，大まかな成長率のイメージ，例えば景気サイクルを通じての通算成長率で年率何％以上というような形です。つまり，日本企業と比較的近い目標設定をしているといわれている企業でも日本企業に比べるとかなり大雑把な開示をしています。

　中期計画を細かく示していないのは，海外の企業が単年度の収益最大化を考えており，中期を考えていないからではありません。例えば，世界的な電気機器メーカーであるエマソン・エレクトリック（米国）は，1958年以来，50年以上にわたり連続で増配を続けているという点で持続的な成長を実現してきた典型的な優良企業といえますが，彼らの中期目標も一時点での細かな計画値を示すのではなく，大まかな成長率やマージン，M&Aや株主還元など戦略的な資源配分の方針を示しているに過ぎません。つまり，欧米の優良企業は長期的な経営方針がないのではなく，一時点の収益目標を示すことで，その達成，未達成が投資家の関心事となってしまうことを懸念しているため，意識的にこのような計画の発表の仕方をしていると考えられます。このような目標と結果の差異はまさにマネジメントの結果であり，経済環境の影響は小さくなります。だからこそ，彼らはしっかりと自分たちの目標にコミットすることができるのです。

　海外企業の中期計画の業種による差は，投資家との対話を通じて，自分たちが望む株主がどのような内容の開示を求めているのかを真剣に考えた結果といえます。つまり中期計画の開示においても，何かお手本があり，すべての企業がそれ

に倣えばよいというのではなく，自分たちの事業では何を伝える必要があるのかを株主との対話の中で見いだすことが重要です。ただし，優良な株主との対話の結果導かれている海外の類似企業における先進的な対応事例は大いに参考になるといえるでしょう。

実際，日本企業の中期計画もその変化が始まっています。例えば，2013年に発表された三菱商事の「経営戦略2015」(Slide 4)は経営課題を明らかにした上で，2020年のあり姿を示し，価値創造の考え方を示しています。商社のビジネスも資源価格の影響等，自社の経営努力ではどうしようもない部分も大きく，それに配慮した経営の大きな考え方を示したものとして注目されます。

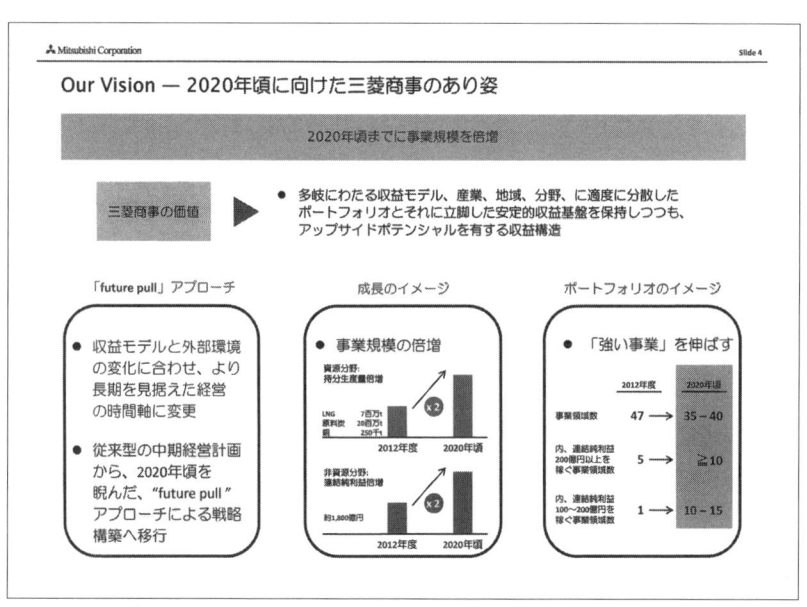

出所：三菱商事「経営戦略2015」(2013年5月)。

このように2020年までのあり姿について大きな考え方を示し，その後に今後3年間の方針，配当方針，事業ポートフォリオの考え方を示しています。

【原則4-2　取締役会の役割・責務（2）】

取締役会は，経営陣幹部による適切なリスクテイクを支える環境整備を行うことを主要な役割・責務の一つと捉え，経営陣からの健全な企業家精神に基づく提案を歓迎しつつ，説明責任の確保に向けて，そうした提案について独立した客観的な立場において多角的かつ十分な検討を行うとともに，承認した提案が実行される際には，経営陣幹部の迅速・果断な意思決定を支援すべきである。

また，経営陣の報酬については，中長期的な会社の業績や潜在的リスクを反映させ，健全な企業家精神の発揮に資するようなインセンティブ付けを行うべきである。

補充原則①
経営陣の報酬は，持続的な成長に向けた健全なインセンティブの一つとして機能するよう，中長期的な業績と連動する報酬の割合や，現金報酬と自社株報酬との割合を適切に設定すべきである。

1. 背景となる株主の考え方

リスクテイク不足

日本の上場会社の経営者は保守的でリスクテイクが不足していると考えられており，成長に向けて適切にリスクテイクするための評価制度とインセンティブの設定が必要であると考えられています。特に，適切なインセンティブが求められる役員報酬については，一般論として，日本の経営者の報酬の水準は低く，高額報酬が問題にならない一方，固定報酬部分の割合が大きいことによる業績向上に対するインセンティブの低さが問題となっています。また景気変動を受けやすい業種などにおいて外部要因との関係をどのように

整理するかなど，過度にリスクを抑制することがないようなインセンティブ設計が求められます。

2. 具体的な実務の例

▍取締役会による経営陣幹部の適切なリスクテイクへの後押し

　株主が求める取締役会の健全なリスクテイクとは，会社を左右するような大胆な賭けに出よというものではありません。過去からの慣習や発想に囚われ，適切な経営改革が行われず，現状のままの経営に甘んじていることに対し，適切な意思決定を促しているにすぎません。ここでは社内の取締役では社内の常識から抜け出せないことが多いため，とりわけ，社外取締役の役割が重要となります。社外取締役を中心に取締役会は，経営状況を客観的に分析して経営陣幹部に適切なリスクテイクを伴う改革案や戦略の立案を促し，十分に議論の上，客観的合理性を担保して取締役会として意思決定を行い，経営陣の意思決定を後押しすることが求められています。

▍役員・経営者報酬の設計と評価，開示

　役員・経営者報酬の在り方は，適切なリスクテイクを行うために重要な仕組みであることから，基本的な考え方に基づき詳細設計を策定し，その概要を株主に示すことが必要です。

　現状の報酬制度を見直し，客観的で合理性があり，インセンティブ効果や株主と利益意識の共有化が図れるように，報酬制度の在り方を検討します。

　検討の視点は具体的には次のとおりです。ここで示すような検討の視点をもとに，現状の報酬制度の見直しを行います。

〔役員報酬制度の検討の視点〕
①役員・経営者報酬の体系の設計，考え方
　○設計の考え方と報酬総額のレベル
- 企業価値向上とリンクしたインセンティブ報酬の考え方（業績連動部分の割合が高い米国型か，固定部分の割合が高い日本型か，その中間となる欧州型か）
- グローバルな経営者市場から有能な人材を確保できるのに十分な報酬額の把握
- 同業他社，同規模の上場会社の役員報酬額との比較
- 取締役としての業務に対する報酬と経営陣としての業務に対する報酬の分離，取締役を兼務する経営陣のジョブサイズと兼務しない経営陣のジョブサイズとの報酬額の整合性
- 業務執行に携わらない非業務執行取締役，社外取締役，監査役の報酬の考え方（業務執行を行わず会社業績に直接的責任を持たない監査役は固定報酬のみとするか，業務執行は行わないが経営上の重要な意思決定を行う非業務執行取締役や社外取締役は，長期インセンティブ報酬を設定するか，監督機能だけを求め固定報酬のみとするか）

　○固定報酬と業績連動報酬の体系，業績連動報酬の設計
- 基本的な固定報酬と業績連動報酬の割合はどうするか
- 短期・中期・長期の業績評価期間の設定
- 業績連動報酬の内容（現金報酬とするか，株主との利益意識の共有化も図れる自社株を使った株価連動型報酬を入れるか）

　○個人別の適切な割合・テーブル表の設計
- 役員・経営陣の生活や年収レベルの考慮，経営陣予備軍の幹部社員の給与水準と経営陣の差の考慮
- 役割と責務・ジョブサイズとの整合性

・各担当別の目標に応じた業績連動報酬の内容
　　　・役位別と担当別の織り交ぜ方
②役員・経営陣に適切な企業家精神の発揮を促すようなインセンティブ型報酬の設計，特に，中長期の業績連動型現金報酬，ストックオプションや自社株購入促進の仕組みなどを活用した株式報酬の適切な組み込み
　　　・対象者（社外取締役，監査役を対象とするか，幹部社員，子会社社員を含めるか，社外者を含めるか）
　　　・中長期で評価する業績目標，パフォーマンス条件の設定
　　　・ストックオプションのリスク・リターンの型（権利行使価額を時価とするハイリスク・ハイリターン型か，権利行使価額を１円とするローリスク・ローリターン型か）
　　　・支給上限値・下限値の設定（目標未達時に支給がゼロとなる最低限の業績ラインと，目標達成時の支給額の青天井を抑える上限の業績ラインを設定するか）
　　　・ストックオプションの場合の株式希釈化レベル
　　　・運営管理などの事務
③業績や潜在的リスク等を踏まえた役員・経営陣の評価・監督の仕組み
　○全社業績，個別担当業績，非財務面での取組みなどの評価内容・方法
　　　・取締役の実効性評価の反映
　　　・全社業績への責任の割合
　　　・個人別に設定された担当領域の目標の達成状況
　　　・年度業績に反映されない中長期的課題に対する取り組みや，業績数値に表れない非財務的な活動への取り組みや個人別考課などの評価内容とそのウエートづけの設計，評価方法

前述の検討の結果，定めた役員・経営者報酬の設計と支給結果を積極的に開示することが重要となります。株主は，
　○どのようなインセンティブ設計がなされているか
　○どのような目標達成度だったか，どのように評価されているか
　○設計に応じてどのように支給されたか

を，役員全員の状況ではなく役員個人別の状況を見ることで確認したいので，招集通知や有価証券報告書への法定開示で定められる開示レベルに留まらず，総額開示から一歩踏み込み，個人別の状況などの任意記載を充実させることが有効です。株主は，日本企業の役員報酬の水準が米国のように高くないことを十分理解して知っており，むしろもっと支給してもよいのではないかと考えています。したがって，個人別の報酬設計と支給額の開示要求は，役員個々のプライバシーの問題ではなく，経営陣の評価が適切に運営されていることを確認するためのものであることを理解する必要があります。むしろ，海外企業の経営者の中には，グローバルな経営者市場で自らのマーケットバリューを示せる機会なので，積極的に業績目標達成状況と報酬額を開示したいと考える経営者もいます。

図表2-9　役員報酬の開示例

●当社取締役の役位毎の種類別報酬割合および報酬算定基準（業績連動報酬に係る目標達成率が全て100％の場合）

		会長	執行役員社長	執行役員副社長	執行役員専務	執行役員常務	執行役員	カーステン・フィッシャー執行役員専務
固定報酬	基本報酬	42%	30%	43%	44%	45%	48%	34%
	算定基準	役位に応じて						個別
業績連動報酬	賞与（短期）	—	23%	22%	21%	21%	21%	22%
	算定基準	—	連結業績		連結業績・担当事業業績・個人考課			
	中期インセンティブ	29%	23%	17%	17%	17%	16%	35%
	算定基準	3カ年計画目標						3カ年担当事業業績目標
	長期インセンティブ	29%	23%	17%	17%	17%	16%	9%
	算定基準	役位に応じて						個別
	合計	100%	100%	100%	100%	100%	100%	100%

各役位とも，代表取締役と取締役の報酬は同一です。
出所：(株)資生堂（2014）「第114期（2013年4月1日～2014年3月31日）事業報告」43ページ。

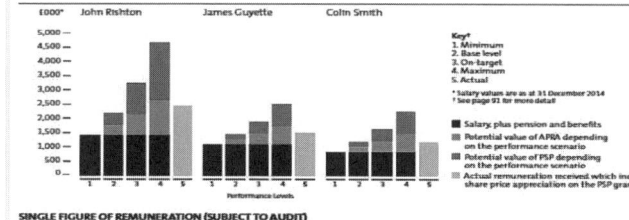

コラム⑪ 海外の役員報酬の設計と開示

下記は海外企業の役員報酬の開示例ですが、目標に応じて1～4までのハードルを設け、それぞれがどのように評価された結果、役員報酬がどのように決定されているかが明確です。このような基準が開示されていると、仕事を行う上での目標観を株主がイメージしやすいと考えられます。

一方、日本企業においては未だに紋切り型の説明が多く見られますが、このような形になっていると、実態はともかくとして、お手盛りで報酬が決められ、経営陣も業績達成に向けた適切なリスクテイクよりも、不透明な基準による社内での評価向上のために努力しているのではないかという懸念を持たれることになります。

図表2-10　海外での役員報酬の開示例

出所：Rolls-Royce Holdings plc, Annual Report 2014

【原則4-3　取締役会の役割・責務（3）】

　取締役会は，独立した客観的な立場から，経営陣・取締役に対する実効性の高い監督を行うことを主要な役割・責務の一つと捉え，適切に会社の業績等の評価を行い，その評価を経営陣幹部の人事に適切に反映すべきである。

　また，取締役会は，適時かつ正確な情報開示が行われるよう監督を行うとともに，内部統制やリスク管理体制を適切に整備すべきである。

　更に，取締役会は，経営陣・支配株主等の関連当事者と会社との間に生じ得る利益相反を適切に管理すべきである。

補充原則①

　取締役会は，経営陣幹部の選任や解任について，会社の業績等の評価を踏まえ，公正かつ透明性の高い手続に従い，適切に実行すべきである。

補充原則②

　コンプライアンスや財務報告に係る内部統制や先を見越したリスク管理体制の整備は，適切なリスクテイクの裏付けとなり得るものであるが，取締役会は，これらの体制の適切な構築や，その運用が有効に行われているか否かの監督に重点を置くべきであり，個別の業務執行に係るコンプライアンスの審査に終始すべきではない。

1. 背景となる株主の考え方

▌取締役会の監督機能の押さえどころ

　株主は，企業価値の持続的成長を実現するための前提条件が整えられているかという観点から，経営計画との関連性を明確にした経営陣評価の仕組み

や，リスクテイクの前提となる内部統制やリスク管理体制の整備に注視しています。また，正確な情報開示は，投資を決定する上での前提条件ともいえ，特に業績数値の信頼性などの前提が失われた場合には，投資判断を行う以前に投資対象として不適格と捉えられる可能性もあります。

利益相反に関しては，特に外国人投資家からは，関連当事者間の取引だけに限らず，親子関係にある会社との人事を含む不透明な慣習や支配株主の影響など，利益相反の懸念もある非合理な意思決定が生じる可能性があると見られており，日本の経営慣習に対する不信感の1つともなっています。

原則4-3の内容は機関投資家から見ると，クリティカルな内容と，あることが望ましい内容とが併存していますが，それが充実していることは企業価値評価を行う上でのディスカウント要因を低下させる効果があります。

特に，経営陣の業績評価の方法とそれに基づいた公正で透明性の高い役員人事，情報開示や社内のコンプライアンス管理体制の整備，関連当事者の利益相反の管理の3点は，取締役会の監督機能の押さえどころであり，監督のされ方を説明の中で理解しようとしています。

2. 具体的な実務の例

取締役会における監督の責務の認識と，関連する他の原則の遵守

当原則は，取締役会による経営陣・取締役に対する監督の責務を整理し，明確化したものです。取締役会は実効性の高い監督を行うという責務に基づき，他の各原則で求められる個別の関連する方針や手続きの策定，開示を求めています。当原則は，他の原則で求められている個別の取り組みを遵守する上での前提となる確認事項といえます。

〔関連性の高い他の原則〕
①経営陣の適切な業績評価と人事への反映
 ・原則3-1(iv)：経営陣幹部の選任と役員候補の指名にあたっての方針・

手続きの策定と開示
- 原則3-1(v)：経営陣幹部の選任と役員候補の指名の際の個々の選任・指名についての説明と開示
- 原則4-10：任意の委員会などの設置，社外役員による適切な関与・助言

②情報開示・内部統制やリスク管理体制の適切な構築とその運用の監督
- 補充原則5-2②(v)：対話の方針へのインサイダー情報管理の方策の記載・開示
- 原則2-5：内部通報の適切な体制整備と運用状況の監督
- 原則3-2：適切な監査の確保に向けた対応
- 補充原則2-3①：サステナビリティーを巡る課題の検討

③関連当事者間の利益相反の管理の方法
- 原則1-10：関連当事者間取引の適切な手続きの策定と開示および監視
- 原則4-7(iii)：独立社外取締役による会社と経営陣・支配株主等との間の利益相反の監督

【原則4-4　監査役及び監査役会の役割・責務】

　監査役及び監査役会は，取締役の職務の執行の監査，外部会計監査人の選解任や監査報酬に係る権限の行使などの役割・責務を果たすに当たって，株主に対する受託者責任を踏まえ，独立した客観的な立場において適切な判断を行うべきである。

　また，監査役及び監査役会に期待される重要な役割・責務には，業務監査・会計監査をはじめとするいわば「守りの機能」があるが，こうした機能を含め，その役割・責務を十分に果たすためには，自らの守備範囲を過度に狭く捉えることは適切でなく，能動的・積極的に権限を行使し，取締役会においてあるいは経営陣に対して適切に意見を述べるべきである。

補充原則①

　監査役会は，会社法により，その半数以上を社外監査役とすること及び常勤の監査役を置くことの双方が求められていることを踏まえ，その役割・責務を十分に果たすとの観点から，前者に由来する強固な独立性と，後者が保有する高度な情報収集力とを有機的に組み合わせて実効性を高めるべきである。また，監査役または監査役会は，社外取締役が，その独立性に影響を受けることなく情報収集力の強化を図ることができるよう，社外取締役との連携を確保すべきである。

1. 背景となる株主の考え方

監査役の実効性への疑問

　日本独自の制度である監査役(会)は，外国人投資家からすると理解しにくい制度です。内部監査部門でもなく外部会計監査人でもなく，取締役会での議決権を持たないため，実効性を持った取締役の業務執行に対して実効性の

ある監査ができないのではないかと外国人投資家は考えています。特に，監査役は取締役からの横滑りなどもあり，多くの日本企業において実質的な任命者である社長あるいは元上司や元同僚の業務運営に対して適切な監査ができるのかという疑念が根強くあります。株主は監査主体が精神の独立性や高い監査能力を保てるようにどのような工夫をしているかに注目しています。

2. 具体的な実務の例

監査役の機能の強化

当原則は，日本の上場会社の多くが監査役会設置会社であるという現状を踏まえ，監査役・監査役会に対して実効的なコーポレートガバナンスのためにその役割・責務を果たすことを強く期待するものとされています。

この原則で求めていることの主旨は，従来から監査役に求められていたことを改めて整理したものといえます。

- 常勤監査役の高度な情報収集力と社外監査役の強固な独立性を，独任制の監査役間で有機的に組み合わせること
- 適法性監査に留まらず積極的にその影響力を行使し，妥当性監査まで踏み込むこと
- 社内からの情報収集力が弱いと考えられる社外取締役と連携し，相乗効果で高いモニタリング機能を発揮すること

を求められています。

また，2015年改正会社法施行規則でも，内部統制システムの整備として，監査役（会）の強化に関するものが追加されています。

- 監査役による監査の実効性を確保する仕組み（100条3項3〜6号）
- 企業集団における業務の適正を確保するための具体的な体制（100条1項5号イ〜ニ）
- 内部統制システムの運用状況に関する監査役の監査報告（129条5号）

これらの監査役(会)強化に向けた動きを踏まえ，現在の体制を再度確認し強化することが重要です。
- 監査役(会)に期待される役割・責務を再度整理し直し，監査役会および取締役会で確認する。
- その際，適法性監査に留まらず妥当性監査まで業務範囲を広げる。
- 任意の委員会があればその構成メンバーになること，社内の重要な会議に出席することなど，監査役が出席する会議の場を広げることを検討し，それを監査役会内で役割分担する。
- 監査役に求められる専門的な知識・経験についての考え方。特に，財務・会計の知識を持つ者が含められるべきかについての考え方を整理する。
- 監査役(会)の責務を実効的に果たすために必要となるサポート体制，人員・予算の確保，内部監査部門・社外取締役・会計監査人との連携・情報共有の仕組みを整備する。(補充原則4-13③)
- 任意の各委員会や重要な会議での状況，内部監査部門・外部会計監査人との連携ほか，常勤監査役が得られた情報を，監査役会で共有する。

など，考え方を整理し監査役会，取締役会で確認するとともに，必要に応じて説明できるようにします。

　特に，重要なポイントは，原則に記載されているとおり，4年の任期で強い調査権を有する独任制の監査役制度における，常勤の監査役と社外監査役の存在です。ほとんどの上場会社では常勤監査役は社内プロパー出身であり，事業に精通しているとともに社内に情報網がある上，原則2-5で求められている内部通報に係る適切な体制や，原則4-13で求められている人員面を含む支援体制が整備されることにより，「守りの機能」に関しては社外取締役を比べてもはるかに強力な情報収集力を有しています。また，監査役会で半数以上を占め独任制の社外監査役が，常勤監査役から情報を得た上で，取締役会に出席し意見陳述するだけでなく，上場会社独自の積極的な取り組みにより，取締役会以外の重要な会議や任意の委員会へ出席し，適法性だけでなく妥当性についても監査することで，社内の情報力と社外の経験・知見・見識

が連携した積極的な監査が可能になります。

　このような取り組みにより，社内出身の常勤監査役は社長の影響下にあるのではないかとの，海外の機関投資家等からの疑問に対して，社外取締役にはない常勤監査役・社外監査役のメリットと，取締役会における議決権を持たない監査役が，実際，取締役会の意思決定にどのような影響力を及ぼしているかについて，実例に基づいて説明することができます。

【原則4-5　取締役・監査役等の受託者責任】

上場会社の取締役・監査役及び経営陣は，それぞれの株主に対する受託者責任を認識し，ステークホルダーとの適切な協働を確保しつつ，会社及び株主共同の利益のために行動すべきである。

1. 背景となる株主の考え方

役員の受託者責任の認識の要望

株主に対する受託者責任という言葉が使われていることがポイントです。株主はスチュワードシップ・コードで従来の受託者責任よりも広い責任を認識するように求められました。その対となる取締役と監査役，経営陣にも，株主から経営を委託されていることが，この原則で確認されています。もともと「steward」の意味は，財産の管理を委託されている者という意味ですが，取締役，監査役・経営陣は，投資家から預かった財産の運用・管理を適

図表2-11　インベストメントチェーン　受託者責任の連環

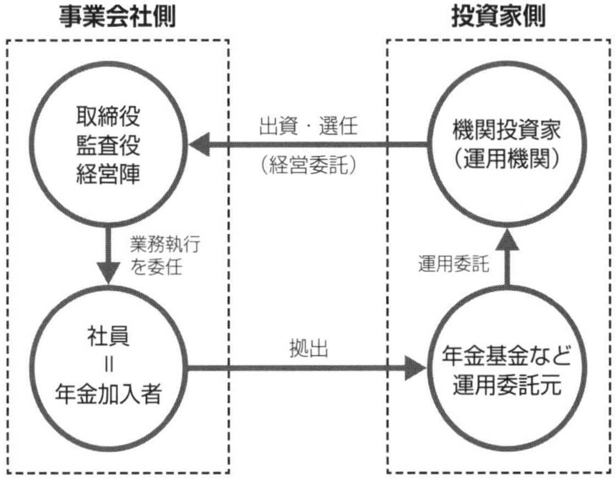

切に行う責任があるとの考え方です。

　株主のことも考えるということではなく，役員と経営陣は本質的に資本の出し手である株主の資金の受託者であることを意識した行動が求められています。

2. 具体的な実務の例・留意点

▎役員・経営陣が受託者責任を認識

　当原則は，コード全体を通して重要な概念なので，原則3-1で開示が求められている「コーポレートガバナンスに関する基本的な考え方と基本方針」なども含め，あらゆる部分で受託者責任を意識しておくことが必要です。

　なお，OECDコーポレートガバナンス・コードでは，取締役の受託者責任と説明責任を分けて扱っています。つまり，単に株主への説明責任を果たしただけでは受託者責任を果たしたことにはなりません。株主利益のために行動する義務を負うことを認識した上で，他のステークホルダーの利益も十分に配慮し，適切に行動することが求められています。

【原則4-6　経営の監督と執行】

上場会社は，取締役会による独立かつ客観的な経営の監督の実効性を確保すべく，業務の執行には携わらない，業務の執行と一定の距離を置く取締役の活用について検討すべきである。

1. 背景となる株主の考え方

監督と執行の分離不足

すでに多くの日本の上場会社が，執行役員制度を導入しており，監督と執行の分離を進めています。しかしながら，実際は，取締役のほとんど全員が執行役員を兼務しており，自ら執行した業務を，自ら監督することとなります。このため，日本の上場会社の多くは，独立した客観的立場からの監督が十分行われていないのではないかと考えられています。

内部昇格者が中心の取締役会では社内慣習に基づき意思決定を行っているため，どうしても客観性に欠ける判断が行われることがあるとの懸念が持たれています。株主は独立性が高く客観性を持った判断ができる取締役の活用により，監督機能が高まると考えています。

2. 具体的な実務の例

取締役会議長への非業務執行の取締役の就任

この原則での実務上のポイントは，取締役会議長に非業務執行の取締役を配置することです。日本に限らず海外でも，取締役会議長は，最高経営責任者である社長が務める上場会社が少なくないのが現実です。しかしながら，社外取締役が増えたとしても，取締役会をリードする取締役会議長が，業務執行側の経営陣のトップを兼務していると，自分たちが行った業務を自分た

ちが評価することとなり，客観性が高まらないとの考えがあります。代表取締役社長が取締役会議長を兼ねるのではなく，執行役員を兼務しない非業務執行の会長職などが取締役会議長を務め，社外取締役や監査役とのパイプ役（原則4-13）や，取締役会での議論の戦略的方向付け（原則3-1），取締役会の審議の活性化のための資料の確認，適切な審議項目数・頻度の調整，審議時間の確保（原則4-12）などを行います。

【原則4-7 独立社外取締役の役割・責務】

上場会社は，独立社外取締役には，特に以下の役割・責務を果たすことが期待されることに留意しつつ，その有効な活用を図るべきである。
(i) 経営の方針や経営改善について，自らの知見に基づき，会社の持続的な成長を促し中長期的な企業価値の向上を図る，との観点からの助言を行うこと
(ii) 経営陣幹部の選解任その他の取締役会の重要な意思決定を通じ，経営の監督を行うこと
(iii) 会社と経営陣・支配株主等との間の利益相反を監督すること
(iv) 経営陣・支配株主から独立した立場で，少数株主をはじめとするステークホルダーの意見を取締役会に適切に反映させること

1. 背景となる株主の考え方

社外取締役の監督機能への期待

社外取締役は形式的に導入するのではなく，当原則で具体的に示されている4項目を踏まえてその役割をしっかり定義し，実効性を持たせるための考え方を整理した上で導入を計ることが必要です。

日本では，(i)の助言機能が社外役員の中心的役割と考えている会社が多く，自社に最適な社外取締役がなかなか見つからないのは，その会社の事業や業界に精通し適確なビジネス上のアドバイスができ，しかも独立性の高い人材を探そうとしているためであると考えられます。

しかしながら，透明性の高いガバナンスの実現には，むしろ(ii)〜(iv)で示されている監督機能の確保が必要であると株主は考えています。米国では特に(ii)経営陣幹部の人事と業務執行の監督(iii)利益相反の監督機能が重視されており，必ずしも事業に精通している必要はないとの考えもあります。

なお、米国では、社外取締役は平時には意見をいう必要もなく、逆に、常に意見をいっていると業績悪化時に経営陣を解任しにくくなるとまでいわれたこともあります。しかし、金融危機に際して社外取締役がデリバティブに関する知識がなかったことなどが問題にされ、平時の案件に対しても、少なくとも内容を理解できている必要はあるという考えになっています。つまり欧米でも社外取締役に求められる役割は変化していますが、経営に対して客観性のある監督を行う機能の重要性に関しては変わっていません。

これらを踏まえ、独立社外取締役にどのような役割を求め、その役割を果たすために、会社としてどのような体制整備を行い、実効性を持たせているのか、会社独自の考え方を説明することが求められています。

2. 具体的な実務の例

社外取締役の専門性と多様な視点による助言

社外の視点による助言機能については、事業特性によっては、技術・専門知識や事業慣行、地域事情、消費者心理などに精通している方がよい場合もあります。一方で、まったく異なる分野の専門家の意見が新しい視点をもたらすこともあります。事業特性に応じて、複数の社外役員の中で専門性と多様性のバランスをとるということが重要です。

社外取締役による取締役会の意思決定の客観的合理性の担保

少数株主の代表として取締役会に出席する社外取締役は、業務執行を行う取締役や経営陣の意思決定の妥当性を確認します。また業務執行のプロセスと結果の状況に応じて、選解任の場面では主導的な役割を果たします。

同時に、取締役会における法令上もしくは経営上の重要な意思決定に際し、社外取締役は、経営から独立した立場から、

- 検討に必要な情報が十分に出されているか
- 議論は十分に尽くされたか

- 下された結論は，社会的にも客観的にも合理性があるか

を判断した上で，その経営判断を支持することになります。たとえビジネスに精通していなくとも，高い見識と豊かな経験を持つ社外取締役ならば，この3つの視点で取締役会の意思決定プロセスに加わることで，決定内容の客観的合理性を担保することができます。これにより，難しい経営判断を下す経営陣の背中を後押しでき，適切なリスクテイクによる迅速・果敢な経営を実現することが可能となります。(ii)の役割は，攻めのガバナンスを実現する上で特に重要な役割と考えられます。

利益相反の監督（関連当事者間取引等，買収提案時など）

利益相反に関しては特定の場面に限定することなく，ビジネスを行う上で常に起こり得るという前提で監督する必要があります。社内の論理で判断した場合には見落とされる可能性が高く，独立性のある取締役に特に期待される機能といえます。一般的には2つの場面を明確に意識しておく必要があります。

1つは，親会社等がある場合における関連当事者との取引に関する監督です。原則1-7と原則4-3に関連する記載がありますが，親会社との取引の意思決定に際し，親会社から派遣されている取締役・経営陣の判断が会社の利益に反していないかを判断します。

もう1つの場面は，買収提案が行われたときです。買収提案に際し，経営陣の考える経営方針・戦略と買収提案者の考える経営方針・戦略を比較し，提示された買収条件を踏まえながら，どちらに賛成すべきかを判断するのは社外取締役です。経営陣が自己保身のために買収提案に反対しているのか，あるいは，買収提案は被買収会社の企業価値を毀損するものなのか，経営陣から独立した第三者の立場から，少数株主をはじめとしたステークホルダーの利害を踏まえ判断します。

なお，買収提案への賛否を判断する第三者委員会に社外監査役が加わっている場合も見られます。会社と無関係の有識者ではなく，株主から選任され

た役員で,しかも経営陣から独立性の高い者となると対象者が限られるので,社外監査役が加わるのも致し方がないのですが,本来,監査役は意思決定をする立場ではありません。意思決定するのはあくまでも社外取締役とし,社外監査役は,第三者委員会の議論を監査する立場で加わる形が望ましいと考えられます。

▌少数株主をはじめとするステークホルダーの意見の代弁

　社外取締役は少数株主をはじめとするステークホルダーの代表として少数株主の意見を聞き,これを取締役会の議論に反映させることが求められています。これは補充原則5-1①の株主との対話に社外取締役が含まれることとも関連しています。また,必要に応じて社員や取引先などとの対話も重要であると考えられます。

【原則4-8　独立社外取締役の有効な活用】

独立社外取締役は会社の持続的な成長と中長期的な企業価値の向上に寄与するように役割・責務を果たすべきであり，上場会社はそのような資質を十分に備えた独立社外取締役を少なくとも2名以上選任すべきである。

また，業種・規模・事業特性・機関設計・会社をとりまく環境等を総合的に勘案して，自主的な判断により，少なくとも3分の1以上の独立社外取締役を選任することが必要と考える上場会社は，上記にかかわらず，そのための取組み方針を開示すべきである。

補充原則①

独立社外取締役は，取締役会における議論に積極的に貢献するとの観点から，例えば，独立社外者のみを構成員とする会合を定期的に開催するなど，独立した客観的な立場に基づく情報交換・認識共有を図るべきである。

補充原則②

独立社外取締役は，例えば，互選により「筆頭独立社外取締役」を決定することなどにより，経営陣との連絡・調整や監査役または監査役会との連携に係る体制整備を図るべきである。

1. 背景となる株主の考え方

複数の社外取締役の確保

英米仏などでは，法令でも定められているように，本来，社外取締役は取締役会の過半数であるべきと考えられています。社外取締役導入が強制されてこなかった日本では，いきなり過半数を確保するのは難しいとしても，独立社外取締役が実効性を発揮するためには一定数以上の人数が確保されてい

ることが必要不可欠であると考えられています。ひとりでは，取締役会の中で十分に意見が反映されない可能性が高く，また社外者の視点に多様性を確保するという観点からも複数名が必要であるからです。従来は社外取締役を置くかどうかということが関心事でしたが，会社法改正もあり実質的に導入が義務づけられる中，何名置くのか，企業価値向上のためにどのように活用するのかということが注目されています。会社ごとに，企業価値向上のために果たすべき役割を踏まえ，そのために必要なおよその人数の考え方を示す必要があります。

社外取締役の情報不足，問題意識の共有，コンセンサスの必要性

社外監査役には，内部監査部門や会計監査人との連携，監査役への内部通報制度等の仕組み，監査役会を通じた業務執行役員からの情報収集と監査役間の情報共有など，情報を入手する仕組みがある一方で，社外取締役には，事実上，取締役会事務局からの事前説明程度の情報提供しかなく，十分な情報が入りにくいという状況にあることが懸念されています。

また，独立社外役員同士の会合が実施されない場合，問題意識の共有やコンセンサスが取れていないのではないかという懸念もあり，社外取締役の実効性確保には，独立社外役員のみを構成員とする会合「Executive Session」の実施が不可欠であると考えられています。

筆頭独立取締役との対話希望

英国では筆頭独立取締役の設置が制度化されており，外国人投資家には馴染みのある考え方です。本来，独立取締役は少数株主の代表であると認識されており，特に，筆頭独立取締役との対話は，社内の論理で話しがちな社内取締役に比べて，その会社を客観的視点で捉え，自由なディスカッションができるというイメージが持たれています。また，独立取締役は，その会社の優れている点についても率直にアピールしやすい面もあります。株主は独立取締役に対しては，細かな事業業績や戦略などを聞くのではなく，取締役会

の議論の状況や経営陣の業務執行の様子などガバナンスの状況や経営全般についてディスカッションしたいと考えています。

コードにより，今後，社外取締役との面会を求める株主も増加すると想定されます。したがって，複数の社外取締役のうち，誰が株主と対話をするかは事前に決めておいた方がよいと考えられます。なお，株主とのミーティングは業務執行にあたるので社外取締役が行うのは問題ではないかという意見がありますが，株主との対話は社外取締役の本質的な役割の1つと考えられています。通常のIR活動は業務執行の役員が行い，ガバナンス関係の対話などは必要に応じ社外取締役が対応するなどの役割分担も考えられます。なお，社外取締役とのミーティングはIRミーティングと比べると頻度は少なくなります。

2. 具体的な実務の例

複数の独立社外取締役の確保

2015年改正会社法で，社外取締役が存在しない場合，「社外取締役を置くことが相当でない理由」を定時株主総会で説明しなくてはならなくなりました。これは，設置しない理由の説明ではなく設置することが上場会社にマイナスの影響を及ぼすことの説明を求めていると解釈されています。

現在，社外取締役の導入は法令で義務化されていませんが，この会社法改正で事実上，社外取締役の設置が当然のこととなりました。さらに，当原則により，2名以上の確保も実質的に義務づけられたと考えられます。社外取締役がいない場合は，改正会社法に従い株主総会で説明が求められる社外取締役を置くことが相当でない理由を，当原則の遵守状況で改めて説明することとなります。また，1名しかいない場合，当原則の説明には，「社外取締役を置くことは相当であるが，1名で十分に効果が引き出せる，あるいは引き出せている」と考える理由を説明しなくてはなりません。

また，本来は複数名の独立社外取締役を選任したいところ，「適切な候補

者が存在しない」場合は，その旨の説明となります。その際には，社外取締役に求める資質・経験などを具体的に示し，そのような人物を確保するよう鋭意努力していることの説明が望まれます。

ただし，初年度に関しては適切な候補者を探しきれていないという説明を行ったとしても，2年目以降，このような説明を行った場合は，取締役会の怠慢と捉えられるリスクもあり，真剣に候補者を探すことが必要です。

なお，社外取締役の独立性を考慮すると，主要な取引先や主要株主の関係者，顧問弁護士，あるいは社長の知人・友人などは好ましくなく（原則4-9），また，兼任先が多数となる社外取締役候補者も避けなくてはなりません（原則4-11②）。現在，社外取締役候補を紹介するサービスが，さまざまな団体で行われています。これらの団体のサービスなどを利用することも，原則の背景説明に記されているとおり効果的と考えられます。

3分の1以上の選任

3分の1以下でよいと思う場合は何も説明する必要がありませんし，すでに3分の1以上選任している場合も特に説明する必要はありません。しかしながら外国人持株比率が高い会社など，国際基準を意識する必要のある会社は，3分の1以上の選任についての考え方と，3分の1以上の選任に向けたロードマップを示すことは有効です。

一方，3分の1以上の選任をしたいが今後の取締役の人員体制の状況等による影響があり，現時点で「3分の1以上が必要」との方針が開示できないと考える会社は，その旨を開示する必要はありませんが，将来に向けた進め方を社内で検討することは必要です。グローバルな流れを見ると，長期的には取締役会がマネジメントボードからモニタリングボードへ移行していくことを意識する必要があります。独立社外取締役を構成員とする取締役会の在り方について，取締役会で引き続き検討していくことが重要と考えます。

また，現時点で3分の1以上の独立社外取締役がいる上場会社は，特に，取り組み方針を示す必要はなく，3分の1以上いることを示せば足りるとさ

れています[10]が，3分の1以上とする方針があるのなら開示することは会社としての考え方を株主に理解してもらう上で有効です。なお，一時的に3分の1を欠けることとなったときには，再び3分の1以上に戻す方針であることを示せばよいと考えられます。

社外取締役・社外監査役の会合の設置

英国では，コーポレートガバナンス・コードの中で年複数回の「Executive Session」と呼ばれる会合の実施が求められており，米国でも，経営陣を入れない非業務執行取締役や独立取締役のみの会合を定期的に行うことが求められています。

特に，監査役会設置会社では，独任制により独自に調査を実施できる権限を有している監査役は，取締役会での議決権を有しない一方，取締役会での議決権を有している社外取締役は，執行サイドを通じてしか社内情報を得ることができません。相互の権限の足りない部分を補い合いながら，強みを発揮するために，情報交換・認識共有の場を設けることは効果的です。

年数回，社外取締役と社外監査役による会合を実施するとともに，そこで討議したテーマなど開示可能なものを任意開示することは株主が実効性を確認する上で，有効であると考えられます。

この会合は，例えば，取締役会の前に，問題意識のすり合わせや監査役からの情報共有を行うほか，取締役会後に，取締役会運営の改善や検討すべき経営課題の確認などについて，コンセンサスづくりを行うことなどが考えられます。事務局は，取締役会事務局か，補充原則4-13③で求められている社外役員の支援を行う者などが行う方法があります。

筆頭独立社外取締役の選任

まずは，社外取締役の互選などにより，筆頭独立社外取締役を定めます。

---

10) 油布・渡邉・髙田・浜田（2015）。

さらに、株主など外部からもわかるように、法定書類等の役員の状況の欄に、筆頭独立社外取締役である旨を記載することが望ましいと考えられます。

　筆頭独立社外取締役の役割は、
- 経営陣、特に社長との連絡、調整
- 監査役会との連携
- 社外取締役・社外監査役の会合の議長
- 株主やステークホルダーとのミーティング

などです。これらの業務は負荷が大きいため、筆頭独立社外取締役の負荷を軽減するために、英国などの「カンパニーセクレタリー[11]」の一部機能を参考に、監査役の専任スタッフと同様、社外取締役のサポート役となる専任の部署・担当者を設置することが望ましいと考えられます。なお、筆頭独立社外取締役が取締役会議長を務めている例もあります。

---

11) いわゆる役員秘書とは異なり、法務（登記や議事録作成、印章管理等）、コンプライアンス、株主総会関連業務、取締役会事務局や取締役のサポートなどを行う職種。英国等では法定の会社機関となっている。

【原則4-9　独立社外取締役の独立性判断基準及び資質】

取締役会は，金融商品取引所が定める独立性基準を踏まえ，独立社外取締役となる者の独立性をその実質面において担保することに主眼を置いた独立性判断基準を策定・公表すべきである。また，取締役会は，取締役会における率直・活発で建設的な検討への貢献が期待できる人物を独立社外取締役の候補者として選定するよう努めるべきである。

1. 背景となる株主の考え方

　議決権行使助言会社や機関投資家は，株主総会の役員選任議案における社外役員の独立性に関して，各社ごとに異なるところはあるものの，大筋は同レベルの賛否基準を設けています。これらの独立性基準は，英米の法令や証券取引所ルールで定められている独立性基準をもとにしており，日本の会社法の社外役員の規程や東証の独立性基準より厳格なものとなっています。

　例えば，東京証券取引所の独立性基準では，過去の当該会社やグループ会社の勤務者に対する基準は，2015年改正で「10年以内」に緩和されたものの，英米の「過去3年間」よりは厳しいものとなっています。しかしながら，「主要な取引先」に該当する金額基準や「役員報酬以外の多額の金銭報酬やその他の財産を得ているコンサルタント，会計専門家，法律専門家（法人，組合等の団体である場合は当該団体に所属する者を含む）」に該当する金額基準については，英米の法令・ルールでは，主要な取引先との金額基準は100万ドル，あるいは当該会社の連結総収入の2％程度，役員報酬以外の多額の報酬等の金額基準は10万ドル程度など，該当するか否かの判断基準となる数値が定められているのに対し，日本の法令・ルールでは基準となる数値が定めておらず，会社独自に多いか少ないかを判断できます。

日本の上場会社の多くは，株主総会で社外役員候補者が独立役員である旨を招集通知に記載する際，重要な兼職先との取引の状況や役員報酬以外の報酬等の状況について，具体的な数値を開示せずに僅少である旨だけを表記しているため，逆に議決権行使助言会社は独立性に疑義があるとして反対推奨を行うケースが見られます。明快な数値基準がある英米の法令・ルールに慣れている外国人投資家からすれば，会社独自の判断で取引量や役員報酬以外の報酬等の額を僅少と見なし，一定の経済的関係性のある役員候補に独立性があるとする日本の上場会社のやり方では不透明なため，保守的な運営が行われていると考えています。

　本来，株主は，社外役員の選任にあたって，独立性に限らず社外役員としての機能面も重視します。整理すると以下のとおりとなります。

○社外役員として，機能するか
　〈経験，知見，見識など，どのような能力を有しているか〉
　　▪ 本業，どのような経歴でどのような経験を積んできたか
　　▪ 専門知識等，財務・会計に関する相応程度の知見はあるか
　　▪ 選任理由，会社が何に期待しているか，本人の抱負は何か
　〈職責を果たす十分な労力・時間が確保できるか〉
　　▪ 本業や兼職先の役職，兼職先の数は多すぎないか
　　▪ 取締役会等への出席率の確認，多忙で取締役会（あるいは監査役会）に出席できていないのではないか
○社外役員として，会社から独立しているか
　〈人的関係において独立しているか〉
　　▪ 現在および過去10年，当該会社・グループ会社と雇用関係がないか
　　▪ 上記の近親者（3親等以内）ではないか
　　▪ 兼職先と役員の相互就任を行っていないか
　　▪ 社長と個人的友人関係はないか　　など
　〈経済的関係において独立しているか〉

- 主要な取引先・寄付先の業務執行者等ではないか
- 役員報酬以外の多額の金銭報酬等を得ているコンサルタント，会計専門家，法律専門家（法人・組合等の団体の場合は当該団体に所属する者を含む）ではないか　など

　これらの要素が，議決権行使助言会社の議決権の賛否基準のベースとなっており，機関投資家はこのような基準をもとに選任議案の賛否判断をしています。

図表2-12　社外役員に関する状況に求める記載範囲

社外役員として機能するか		社外役員として独立しているか	
経験，知見，選任理由，取締役会・監査役会・委員会等での活動状況	多忙さ（本業，兼職先の数，取締役会・監査役会出席状況等）	金銭的関係（自己・競業取引，大株主，寄付，多額報酬コンサルタント等）	人的関係（過去勤務，親族勤務，役員の相互就任，社長の個人的友人等）

　　　　　　　　　　　　　　　　　　　⟵　会社法の社外役員要件　⟶
　　　　⟵　会社法の事業報告への記載範囲（兼職先との関係）　⟶
　　　　　　　　　　　　　　　　　　⟵　東証の独立役員基準の範囲　⟶
⟵　投資家・議決権行使助言会社の開示要望範囲　⟶

出所：「RIDディスクロージャーニュース」Vol.22, 2013年10月，88ページを一部修正。

2. 具体的な実務の例

海外法令や機関投資家の判断基準等を踏まえた独立性判断基準の設定・開示

　独立性の基準は，東証の独立性基準だけでなく，諸外国の法令，取引所ルール，機関投資家や議決権行使助言会社の賛否判断基準を踏まえて設定し，開示することが必要です。特に，いくら以上なら多額の金銭その他の報酬となるかという金額の判断は，議決権行使助言会社の賛否基準を踏まえながら，諸外国の法令，取引所ルールの数値基準をもとに判断することが実際的です。

逆に，機関投資家や議決権行使助言会社の賛否基準を満たさない場合は，なぜ，その基準で実質的に有効であると考えているのか，株主に合理的な説明が必要です。

　そして，独立性の判断基準を設定し公表するだけでなく，その社外役員を独立役員として指定した根拠を明らかにするために，当該役員に関する独立性要件に関連する事項の状況を，具体的数値をあげながら開示します。特に，社外役員の選任議案がある招集通知では，これらの記載情報は賛否判断に直結するため，詳細な記載が必要です。これは，議決権行使助言会社によっては，招集通知に具体的数値の記載がない場合は，基準を満たしていないものと判断するとしているからです。なお，取引先との取引高などの具体的な数値を開示しにくい場合は，連結売上や連結販管費に占める取引高の割合が一定の割合（1～2％）以下であることを開示し，明らかに当該役員の判断に影響を及ぼさないほどの僅少であることを示す方法などもあります。

【原則4-10　任意の仕組みの活用】

上場会社は，会社法が定める会社の機関設計のうち会社の特性に応じて最も適切な形態を採用するにあたり，必要に応じて任意の仕組みを活用することにより，統治機能の更なる充実を図るべきである。

補充原則①

上場会社が監査役会設置会社または監査等委員会設置会社であって，独立社外取締役が取締役会の過半数に達していない場合には，経営陣幹部・取締役の指名・報酬などに係る取締役会の機能の独立性・客観性と説明責任を強化するため，例えば，取締役会の下に独立社外取締役を主要な構成員とする任意の諮問委員会を設置することなどにより，指名・報酬などの特に重要な事項に関する検討にあたり独立社外取締役の適切な関与・助言を得るべきである。

1. 背景となる株主の考え方

▍機関設計の工夫への期待

監督と執行が分離し，業務執行を行う経営陣とそれを株主の代表として監督する取締役の役割が明快な海外のコーポレートガバナンス体制が当たり前と考えている外国人投資家には，日本固有の監査役会設置会社の制度は理解しにくいものとなっています。

監査役会設置会社だけでなく，監査等委員会設置会社においても，取締役会で過半数を占める社外取締役がいない場合，取締役・経営陣幹部の指名・報酬など利益相反が生じる可能性のある重要事項の検討が社内の取締役中心に行われることが懸念されています。

日本独自の機関設計の強みを生かしながら，同時に弱点を補うため，どの

ように工夫し，実効性のあるものにしているかなどのガバナンスに対する工夫が求められており，その取り組みにより，その上場会社のガバナンスに対する姿勢が見えると考えられます。

2. 具体的な実務の例

▍任意委員会の設置，もしくは監査等委員会の活用

　当原則では，上場会社の特性に応じた適切な機関設計を選択しながら任意の仕組みを活用すべきとしており，補充原則や背景説明の示すところでは，監査役会設置会社においては任意の委員会の設置を，監査等委員会設置会社においては指名・報酬など任意の委員会，もしくは監査等委員会における指名・報酬等の協議を，ベストプラクティスとして示しています。そして，これらの委員会において，指名・報酬という利益相反が生じる可能性のある重要な事項の取締役会への答申内容策定のプロセスに，社外取締役が中心的役割を果たすことにより，独立性・客観性を強化することが期待されています。

　任意委員会の設置では，次の形態が考えられます。
①指名諮問委員会，報酬諮問委員会の2つを設置
②指名・報酬の両方を扱う諮問委員会（例えば，ガバナンス委員会）を設置
③（監査等委員会設置会社）監査等委員会で指名・報酬の両方も扱う
④（監査等委員会設置会社）監査等委員会で指名か報酬の片方も扱い，もう片方の任意の委員会を設置

　どのパターンを選択するかは，任意の委員会で中心的役割を担う社外取締役の状況（経験・知見の多様性，多忙さ，複数の社外取締役のバランスなど）と，役員・経営陣の選任候補および報酬の方針・手続きの整備状況の両方を勘案しながら選択します。任意の委員会を設置するには，同時でなくともよく，状況に応じて，1つずつ順番に設置する方法も，ガバナンス委員会を設

置ししばらく運用してから分離する方法もあります。いずれの場合も，上場会社ごとの状況に則して，進めていくことが大事です。

次に，任意の委員会のメンバー構成は，
- 社外取締役が議長を務める
- 社外取締役は，可能な限り全員が委員会のメンバーとなる
- 必要以上に社内の取締役を加えない
- 経営陣トップ（社長，会長など）は，自身の指名や報酬の検討の際には加わらない
- 必要に応じて，外部アドバイザーをオブザーバーとする（役員報酬の専門家など）

ことなどに留意し，決定します。いずれも，社外取締役による独立性・客観性を最大限強化することに注力し，社長の一存で内容が決まることのないように設計します。

なお，社外監査役や常勤監査役をメンバーに加えることもありますが，本来的には，取締役会に答申する内容を決定する委員会となりますので，監査業務を行う監査役は委員会に同席するにとどめるのが妥当です。ただし，社外取締役の人数が足りない場合には社外監査役を加え，独立性・客観性を強化するという発想もあり得ますので，上場会社の置かれた状況により判断します。

また，社長の後継者の選定など，重要な検討事項の場合は，指名諮問委員会内に社外役員のみのメンバーによる特別検討チームを編成し，必要に応じて現社長を交えながら議論を重ね，最適な後継者を選定する方法も考えられます。

このように会社独自に工夫し，その取り組みを株主に説明することが重要です。

【原則4-11　取締役会・監査役会の実効性確保のための前提条件】

　取締役会は，その役割・責務を実効的に果たすための知識・経験・能力を全体としてバランス良く備え，多様性と適正規模を両立させる形で構成されるべきである。また，監査役には，財務・会計に関する適切な知見を有している者が1名以上選任されるべきである。

　取締役会は，取締役会全体としての実効性に関する分析・評価を行うことなどにより，その機能の向上を図るべきである。

補充原則①

　取締役会は，取締役会の全体としての知識・経験・能力のバランス，多様性及び規模に関する考え方を定め，取締役の選任に関する方針・手続と併せて開示すべきである。

補充原則②

　社外取締役・社外監査役をはじめ，取締役・監査役は，その役割・責務を適切に果たすために必要となる時間・労力を取締役・監査役の業務に振り向けるべきである。こうした観点から，例えば，取締役・監査役が他の上場会社の役員を兼任する場合には，その数は合理的な範囲にとどめるべきであり，上場会社は，その兼任状況を毎年開示すべきである。

補充原則③

　取締役会は，毎年，各取締役の自己評価なども参考にしつつ，取締役会全体の実効性について分析・評価を行い，その結果の概要を開示すべきである。

1. 背景となる株主の考え方

年功序列・論功行賞の取締役会メンバー構成からの変化

会社が取締役会全体として必要と考える知識・経験・能力が何かを明らかにすることで，株主はビジネスとしての特徴を踏まえた取締役会のあるべき姿が理解できます。これは取締役の登用は，これまでの業務の成果に対する論功行賞として位置づけるべきではなく，実効性のある取締役会にするためであるとの考え方に基づいています。

日本の上場会社の多くは，年功序列的な上場会社内の慣習に基づいて取締役人事が決まり，その結果として取締役会メンバーが形成されていると考えられています。取締役会メンバーは従業員の最高位ではなく，取締役会の役割・責務を踏まえ，実効性を確保するために最適といえるメンバーが選ばれることが期待されています。

社外役員の一定の兼職数を超えることへの懸念

社外役員をはじめ，役員が他社の社外取締役や社外監査役を兼職することは，他社比較を通じた幅広い知見と経験の獲得の観点から，一概に否定するものではありません。特に会社経営経験のない社外役員の場合は有効です。しかしながら，役員としての役割・責務を果たすためには，しかるべき時間・労力が必要であることは当然のことです。そのため，一定の兼職数を超えた場合求められる役割を十分に果たすことは不可能であると株主は考えており，そのような取締役・監査役候補には総会で反対票を投じられることがあります。ちなみに，議決権行使助言会社のISS，グラスルイスはともに，6社をその目安としています。

取締役会の実効性に対する自己評価への期待

日本の上場会社は，これまで取締役会の実効性の自己評価を行うという概

念がありませんでした。これはコードによって，日本にもたらされた概念ともいえます。欧州では，EUの推奨により多くの上場会社が，毎年，取締役会の実効性に関する自己評価を実施するとともに，3年に1回以上は外部評価も実施し，客観性を高めています。米国では，NYSE上場規則により，取締役会・委員会・社外取締役を含む取締役個人に毎年の自己評価が義務づけられ，実施しています。評価には客観性が求められ，取締役会議長や社外取締役の役割となっているほか，外部の第3者による評価も実施されています。このような取組みを続けることで，経営クォリティの改善が期待されています。

なお，取締役会の自己評価はすべての点で完璧であることを求めているのではなく，弱点をどのように改善していくのか，結果を踏まえて次期選任をどのように考えるのかなどが，対話の材料になると考えられています。

2. 具体的な実務の例

▌取締役会全体としての知識・経験・能力のバランス，多様性および規模の考え方

現状のメンバー構成をベースに考えるのではなく，会社の置かれた戦略ステージを踏まえて，あるべき姿としてのメンバー構成を考えることが重要です。創業者が経営の中心にいるプライベートカンパニーからパブリックカンパニーへと移行するステージにある会社であれば，創業時のメンバー構成の中に育ってきた第2世代の社員や社外取締役をどのように混ぜ，どうバトンタッチしていくかが課題となります。また，グローバル化への舵を切った会社であれば，グローバルな経営マインドを持った多国籍のプロ経営者をどのように揃えていくかが課題であり，女性向けのビジネスを展開している会社であれば，女性役員の育成・起用を含め，メンバーの多様性をどのように確保していくかが課題となるなど，会社個々の状況・課題に応じて考え方を定め，原則3-1(iv)の取締役の選任に関する方針・手続きとともに開示します。

なお，女性向けのビジネスを展開していなくとも，原則2-4の女性の活躍

促進を踏まえ，女性をはじめとした多様性の確保についての考え方を言及する必要があります。具体的に整理しておくべき内容は下記のとおりです。

> （役員体制）
> - コーポレートガバナンスに関する基本的考え方（原則3-1(ii)）を踏まえた，役員構成の在り方の考え方
> - 迅速な意思決定と多様性を踏まえた適正な規模
> - 社内と社外の割合，社外役員の多様性
> - 女性役員，外国人役員の状況
> - プロパーと非プロパーの割合
> - 経歴・知見など専門性の状況
> - 今後の方針，特に女性役員の育成の方針

　なお，特別な専門性を要する業種などにおいては，通常のマネジメント能力だけでは不十分な場合もあると考えられます。そのような場合には，求められる資質を具体的に提示しておくことも有効です。

社外役員の適切な兼職先の数の設定

　役員が他社の役員を兼職することはありますが，その兼職先の数が多数となり，その責務を十分に果たせない状態となると問題です。特に，社外取締役は適任の方が少ないため，多くの会社の役員を兼職するケースが多く，その数が問題となります。社外役員の選任の際に，当然，現在の兼職先の数や今後の予定などを伺い，選任していることと思いますが，ISSやグラスルイスの基準（6社）を1つの目安とすることは合理的と考えられます。

　なお，役員の重要な兼職の状況は，招集通知で記載が求められていますが，留意すべきポイントは「重要な兼職先」なので，重要かどうかの判断は会社に委ねられていることです。経験豊富で高い見識を持つ社外役員は，上場会社だけでなく社団法人・財団法人，組合などの役員を兼職していることも多

く，上場会社数だけを数えれば6社でも，これらの団体数を加えると6社を優に超えることがあります。重要な兼職先として，上場会社だけを開示するのではなく，それなりに時間・労力を使っている兼職先を，合理的な基準を定めた上で選定し開示することが，誠実な対応といえるでしょう。

重要な兼職先として法定書類等に記載する兼職先の基準を策定しておくことも効果的です。社外役員候補の選定の度に，その兼職先が重要な兼職先にあたるかどうかを個別に判断するより，事前に一定の社内基準をつくり，その基準に照らし判断する方が客観的合理性があります。

（重要な兼職先の判断基準の例）
- 上場会社の役員
- 非上場の大会社の代表者
- 財団法人，社団法人，NPO法人，組合などの団体の代表者
- 本職（弁護士，会計士，大学教授，自営業など）

取締役会の実効性に関する分析・評価の実施

これまでの日本には馴染みのない取り組みなので，イメージが湧きにくいと考えられます。海外でも米国においては自己評価，英国では外部評価が定期的に行われるなどさまざまなやり方がありますが，外部評価を2003年の統合規範改定から実施している英国の最近の事例を見ると，いわば，取締役会に対する"360度評価"となっています。日本でも多くの上場会社で，管理職に対する360度評価を実施しています。360度評価では，部下・同僚・上司から，アンケート形式で，知識・スキル，行動力，協調性，調整力，リーダーシップ，部下の指導などさまざまな面で評価されます。これを活用し，人材育成や業務改善に結びつけている上場会社もあると思います。つまり取締役会評価はこれと同じようなことを行い，取締役会の実効性を見直し，改善していこうとするものです。

まずは，原則に沿って，各取締役が取締役会全体の自己評価を行います。評価方法は，取締役会事務局などが作成したアンケート調査や取締役会議長による個別面談とし，取締役会が役割・責務を果たす上で必要となるコーポレートガバナンスの基本的考え方や基本方針（原則3-1(ii)），取締役会全体の知識・経験・バランス，多様性と規模に関する考え方（補充原則4-11①），取締役会の審議の状況（原則4-12），情報入手と支援体制の状況（原則4-13）などと実態を照らし合わせ，何が十分で何が不十分かを分析します。

(取締役会全体の自己評価の項目の例)
- 経営理念等を明確にしているか，行動準則が守られるように整備しているか，コーポレートガバナンスの基本的考え方に沿って経営しているか，リーダーシップを発揮しているか
- 取締役会におけるスキル，経験，知識のバランス，多様性と規模は適切か
- 後継者とその育成に関する計画を推進しているか
- 取締役会はチームとしてまとまりがあるか，取締役会における関係はどうか（取締役会議長と社長，社内取締役と社外取締役）
- 個々の取締役は実効性のある働きをしているか
- 委員会（任意の委員会）は機能しているか，メンバー構成はどうか
- 取締役会に提供される情報の質，資料やプレゼンテーションの質，議論の質はどうか
- 取締役会の意思決定のプロセスはどうか，十分な議論が確保されているか，リスクを特定し検証するプロセスは十分か
- 取締役会事務局，取締役や監査役の指示に従う専門の担当部署はどうか
- 取締役会と株主や他のステークホルダーとのコミュニケーションはどうか

これらを質問項目として設定し，5段階評価と自由記入で取締役全員から回答を集め，取締役会で分析・検討を行います。
　また，自己評価は，欧州では取締役会議長や社外取締役が取りまとめをしていますが，日本では取締役会を監査監督するための監査役会がありますので，社外監査役を中心とした監査役会が取りまとめるという方法も考えられます。
　実効性評価の結果の概要の開示については，開示義務のあるコーポレートガバナンス報告書のほか，有価証券報告書やアニュアルレポート，招集通知に記載することが効果的と考えられます。特に，外国人投資家に取締役会としての姿勢を示すならば，英訳されるアニュアルレポートと役員選任議案がある招集通知に掲載することが有効です。自己の評価が公にされることに慣れていない日本の上場会社の取締役としては，招集通知に記載することには抵抗があると思いますが，自らの評価を年度末の社員の業績評価と同時期に実施し，その結果を招集通知の参考書類に記載し，総会で株主に信を問うことは，その姿勢を株主が高く評価するものと考えます。
　開示する際には，不足していると考えている項目と，今後どのように補っていくかという対応方針も併せて概要を開示します。一般的に機関投資家は不足している項目があるからといって機械的にダメだと判断することはありません。むしろ会社が弱点を明確に認識しそれを補う努力をしていることが伝われば，改善の方向性が評価につながると考えられます。また，上場会社が弱点と判断していても株主から見るとむしろそれは重要ではないのではないかなどの意見が出る可能性もあります。これはあくまで自己評価ですので，よく見せようとするのではなく改善すべき点を認識していることが評価につながると考えられます。

コラム⑫　英国の取締役会の実効性評価の取組み

英国のコーポレートガバナンス・コード（2012年FRC）では，以下の項目を求めています。
- 取締役会による取締役会，委員会，取締役個人の実効性に関する毎年の評価の実施。
- 取締役会全体の評価，スキル，経験，独立性，当該企業に関する知識のバランス，性別を含む多様性，取締役が1つのまとまりとしてどのように機能するか，その他の実効性に関連する要素の考慮
- 取締役個人の評価，継続的な貢献，役割に対する継続的な責任の状況の明確化
- 取締役会議長に対する評価の結果に基づいた対応。必要に応じた取締役の選解任
- 取締役会による取締役会，委員会，取締役個人の実効性評価のアニュアルレポートでの説明（筆頭独立取締役をはじめ社外取締役は，取締役会議長の評価の実施に対する責任を持つ）
- FTSE350企業は少なくとも3年ごとの外部評価，外部評価者と当該企業との関係性についての説明
- 第三者評価の実施者名のアニュアルレポートでの開示

また，英国のコードを策定し監督する機関であるFRC（Financial Reporting Council）が発表した取締役会評価のガイダンスでは，取締役会の構成，実効性，意思決定プロセスの状況などを定めています。その概要については高山（2014）で以下のように整理されています。
○取締役会の構成
　- スキル，経験，知識，多様性の状況
○取締役会の実効性
　- 企業の目的，方向性および価値における明確さとリーダーシップ
　- 後継者とその育成に関する計画
　- 取締役会の1つのユニットとしてのまとまり
　- 取締役会議長とCEOによって設定される姿勢
　- 取締役会における関係，特に，取締役会議長とCEO，取締役会議長と上級

独立取締役，取締役議長と秘書役[12]，社内取締役と社外取締役における関係
- 上級独立取締役の役割の明確さ
- 取締役会における委員会の実効性と委員会と取締役会の関係
- 社内取締役・社外取締役個人における実効性
- 秘書役の実効性

○取締役会に関連する情報
- 企業とそのパフォーマンスに関して提供される一般的な情報の質
- 取締役会に提示される書類とプレゼンテーションの質

○意思決定プロセス
- 個々の提案に関する議論の質
- 取締役会議長が主要な決定や論争を呼ぶ事柄について十分な議論を確保するために使うプロセス
- 意思決定プロセスと権限に関する明確さ
- リスクを特定し検証するプロセス

○対外的なコミュニケーション
- 取締役会と株主および他のステークホルダーとの間のコミュニケーション。

　これらの項目や内容を参考に，各会社で独自に評価すべきことを加えるなどの工夫をしながら，取締役会で自己評価します。

---

[12] カンパニーセクレタリー。いわゆる役員秘書とは異なり，法務（登記や議事録作成，印章管理等），コンプライアンス，株主総会関連業務，取締役会事務局や取締役のサポートなどを行う職種。英国等では法定の会社機関となっている。

【原則4-12　取締役会における審議の活性化】

取締役会は、社外取締役による問題提起を含め自由闊達で建設的な議論・意見交換を尊ぶ気風の醸成に努めるべきである。

補充原則①

取締役会は、会議運営に関する下記の取扱いを確保しつつ、その審議の活性化を図るべきである。

(i) 取締役会の資料が、会日に十分に先立って配布されるようにすること

(ii) 取締役会の資料以外にも、必要に応じ、会社から取締役に対して十分な情報が（適切な場合には、要点を把握しやすいように整理・分析された形で）提供されるようにすること

(iii) 年間の取締役会開催スケジュールや予想される審議事項について決定しておくこと

(iv) 審議項目数や開催頻度を適切に設定すること

(v) 審議時間を十分に確保すること

1. 背景となる機関投資家の考え方

取締役会の審議が形式的なものに留まっていないか

株主は、多くの上場会社の取締役会での審議が形式的なものに留まり実質的な議論が十分行われていないのではないかという懸念を持っています。一部の取締役会では、指名・報酬などの詳細が経営会議などで実質的に決定され、取締役会での審議は形式的なものに留まっていることや、報酬の配分に関しては代表取締役に一任する旨の決議がなされ、取締役会を通じた監督が行われていないなどとの指摘もあります。

また逆に、多くの上場会社において業務執行に関する事項が取締役会の議題の大部分を占めており、そのため開催頻度や審議項目が多く、事業に精通

していない社外取締役の実効性を低くしている可能性もあると考えられています。

このように，複数の社外取締役を導入しても，主体的な活躍ができず，形式的な存在に止まっていては意味がないため，社外取締役が取締役会において十分に議論できるための環境を整えることを求められています。

2. 具体的な実務の例

審議の活性化を図る取締役会運営

まずは，補充原則①の(iv)(v)のとおり，取締役会での役割・責務を踏まえた審議のあるべき姿を考えた上で，取締役会で審議すべき事項と執行の会議に委ねる事項を整理します。その上で，審議項目の絞り込みを行い，審議時間を十分に確保するように努めることが求められます。

また，補充原則①(iii)のとおり，社外役員には，年間の開催スケジュールを事前に示します。結果として多くの日程が他の予定と重なっていたため出席できなかったというケースは，当該取締役だけでなく取締役会の責任でもあります。定例の取締役会以外の臨時取締役会の開催など，当初予定にない取締役会が必要となった場合も，当該社外取締役の都合のよい時間帯での開催や電話会議による出席など，出席を可能とする努力が必要です。

さらに，補充原則①(i)(ii)のとおり，事前（最低でも取締役会の1週間程度前）に資料を配布するとともに，資料も要点を絞るとともに，論点の整理を行うなどの工夫を凝らします。また，必要に応じて取締役会事務局や取締役・監査役の指示で動く専門部署などから事前説明を行い，議題への理解を促進します。

これらの補充原則で求められている活性化に関する具体策は，すべて実施することが望まれます。また，これらを最低限の対応と考え，さらに実効性を上げるために独自の工夫を行うことが，社外役員による審議の活性化につながります。

【原則4-13　情報入手と支援体制】

　取締役・監査役は、その役割・責務を実効的に果たすために、能動的に情報を入手すべきであり、必要に応じ、会社に対して追加の情報提供を求めるべきである。

　また、上場会社は、人員面を含む取締役・監査役の支援体制を整えるべきである。

　取締役会・監査役会は、各取締役・監査役が求める情報の円滑な提供が確保されているかどうかを確認すべきである。

補充原則①

　社外取締役を含む取締役は、透明・公正かつ迅速・果断な会社の意思決定に資するとの観点から、必要と考える場合には、会社に対して追加の情報提供を求めるべきである。また、社外監査役を含む監査役は、法令に基づく調査権限を行使することを含め、適切に情報入手を行うべきである。

補充原則②

　取締役・監査役は、必要と考える場合には、会社の費用において外部の専門家の助言を得ることも考慮すべきである。

補充原則③

　上場会社は、内部監査部門と取締役・監査役との連携を確保すべきである。また、上場会社は、例えば、社外取締役・社外監査役の指示を受けて会社の情報を適確に提供できるよう社内との連絡・調整にあたる者の選任など、社外取締役や社外監査役に必要な情報を適確に提供するための工夫を行うべきである。

1. 背景となる株主の考え方

▍社外役員の情報入手の支援体制の必要性

　取締役・監査役はその責務を果たすための情報収集を能動的に行うことが求められています。常勤の社内取締役・社内監査役は情報が入りやすいことは言うまでもなく，また，社外監査役は，監査役会において常勤監査役から情報を得ることができますが，通常，社外取締役は，取締役会だけが情報入手経路となるため，経営判断を行うのに十分な情報を得ることができないのではないかとの懸念があります。

　当然，何らかの問題が生じた際には，役員自らが積極的に情報を得るための行動をしていたかどうかが厳しく問われる可能性がありますが，特別な場合に留まらず，日常的に情報収集ルートを確保しておくことは，取締役・監査役本人にとって重要です。会社としても取締役・監査役の情報収集が可能となる体制を構築していることが，取締役会の審議の質を高める上で重要です。

　適切な情報提供や支援体制は，補充原則4-11③の取締役会の実効性の評価でも取締役や監査役から課題として指摘されやすいことを認識しておかなくてはなりません。

2. 具体的な実務の例

▍情報入手を支援する体制と取り組み

　多くの上場会社では，特に社外役員を対象に取締役会の議題に関する事前説明や事前資料配布を行い，必要に応じて（社外役員からの要請に従い）追加の詳細説明を行っています。これらの取り組み以外に情報入手を助ける仕組みの構築を考えます。

　当原則では，大きく2つのことを求めています。まず，1つ目の「人員面

を含む取締役・監査役の支援体制」では，以下の4項目をあげています。

①会社に対して追加の情報提供を求めたときの対応の仕組み

　取締役会事務局や監査役会スタッフによる社内からの情報収集体制の整備と，取締役会で判断に必要な情報が十分でないことを取締役・監査役から指摘されたときは再審議とするなどの取締役会運営のルール化します。

②会社の費用において外部の専門家の助言を得ること

　M&Aやファイナンスなどのコーポレートアクションの実施，あるいは会社の支配に関する判断や不祥事の調査など経営上・法令上の特に重要な意思決定の場面では，経営陣から独立している社外役員が鍵を握り，十分な情報に基づいた慎重な判断が求められます。そのような場面に備えて，経営陣が得る財務・法務などの専門家からの助言のセカンドオピニオンとして，社外役員が別の専門家から会社の費用で助言を得る仕組みを整えます。

③内部監査部門と取締役・監査役との連携

　内部監査部門と会計監査人，監査役との情報・意見交換や，監査役と社外取締役との情報・意見交換のほか，代表取締役と社外役員との意見交換など，取締役会・監査役会とは別に定期的な会合を持つことが有効です。

④社外取締役・社外監査役の指示を受けて会社の情報を適確に提供できるよう社内との連絡・調整にあたる者の選任

　英国等における法務・コンプライアンス，株主総会運営，取締役会事務局，役員サポートの機能を持つ会社機関である「カンパニーセクレタリー」が該当します。日本では，通常，取締役会事務局，監査役会スタッフなどの担当部署・担当者が該当することになります。取締役の指示で動く専任部署を設けるか，経営陣幹部の中からしかるべき責任者を指名する，あるいは，カンパニーセクレタリー制度を導入するなどの方法があります。

当原則が求める「取締役会・監査役会は，各取締役・監査役が求める情報の円滑な提供が確保されているかどうかを確認すべき」については，補充原則4-11③の取締役会の実効性評価の一環で情報資料やプレゼンテーションの質を評価する際に確認します。

【原則4-14　取締役・監査役のトレーニング】

　新任者をはじめとする取締役・監査役は、上場会社の重要な統治機関の一翼を担う者として期待される役割・責務を適切に果たすため、その役割・責務に係る理解を深めるとともに、必要な知識の習得や適切な更新等の研鑽に努めるべきである。このため、上場会社は、個々の取締役・監査役に適合したトレーニングの機会の提供・斡旋やその費用の支援を行うべきであり、取締役会は、こうした対応が適切にとられているか否かを確認すべきである。

補充原則①

　社外取締役・社外監査役を含む取締役・監査役は、就任の際には、会社の事業・財務・組織等に関する必要な知識を取得し、取締役・監査役に求められる役割と責務（法的責任を含む）を十分に理解する機会を得るべきであり、就任後においても、必要に応じ、これらを継続的に更新する機会を得るべきである。

補充原則②

　上場会社は、取締役・監査役に対するトレーニングの方針について開示を行うべきである。

1. 背景となる株主の考え方

取締役の知識不足、トレーニングの機会の不足

　取締役・監査役の役割・責務は従業員のそれとは大きく異なることから、就任にあたっては必要とされるスキルについて十分なトレーニングを行うとともに、常に知識をアップデートしていくことが重要だと考えられます。

特に，機関投資家は，コーポレートファイナンスの理論に沿って思考することから，ミーティングはその理論を踏まえたものとなります。一方の日本の経営者は営業畑や技術畑出身などの場合，コーポレートファイナンスの知識が不足していることも少なくありません。日本の機関投資家は，このような状況を理解していますが，海外企業の経営者は，プロ経営者としてのキャリアを歩んできているので，ミーティングにおいても機関投資家の理論を踏まえて対話します。したがって，外国人投資家は，日本の上場会社の経営者とのミーティングに満足できずにいることがあります。投資家から見た場合，ファイナンスに精通しているはずのCFOですら議論がかみ合わない場合もあることには大きな不安が持たれています。

　このように，日本の経営者が十分なコーポレートファイナンスの知識を持っていないと感じる場面が多いことや，日本でよく聞かれる社外取締役の適任者がいないというような意見から，役員に対し，十分なトレーニング機会が提供することが必要であると考えられています。

　また，いかに経験豊富な人物であっても社外役員は会社への理解は十分でないと考えられることから，経営理念や会社の歴史，事業所見学などを含む事業内容の説明が不可欠と考えられます。

2. 具体的な実務の例

▍トレーニングの実施と方針の開示

　当原則は，トレーニングする機会を求めているだけでなく，トレーニング方針の開示まで補充原則の中で求めています。トレーニング内容は取締役に求める役割・責務とリンクした内容となるべきなので，原則4-1からの一連の流れの中で整理されていることが重要です。したがって，補充原則4-1，4-2，4-3で定める取締役会の役割と責務に基づき，会社独自に，役割を果たすために必要な知識を整理し，その知識を得るためのトレーニング内容を整えます。

まず，必要となるのはコーポレートガバナンス・コードの内容と，実際にコードが自社でどのように適用されているかの正確な理解です。これが取締役・監査役に求められる，すべてのトレーニングの出発点になります。

これを踏まえた上で，対象の役員ごとに整理すると以下のようになります。

〔対象役員別の研修概要〕

○社内取締役・監査役・執行役（執行役員）
- 知識：会社の事業には精通しているので，これまでのキャリアに応じ，財務と組織・法務・ガバナンスに関する知識。（取締役・監査役としての法的責任を含む）
- 方法：財務担当者や顧問弁護士などによるレクチャーや，外部団体による役員向け研修などの受講。
株主とのミーティングに同席するなど，株主の思考に触れる機会の設定。

○社外取締役・監査役
- 知識：当該企業の事業内容，業界特性・市場動向，会社の状況など事業に係る知識。また，当該社外役員が財務や法務あるいは経営の専門家でない場合は，社内役員同様に，財務，組織・法務・ガバナンスの知識。
- 方法：取締役会事務局や監査役会スタッフによるレクチャー，社内見学，現場体験など。

これらの取り組みを，原則4-1，4-2，4-3で定めた役割・責務に沿って，取締役，監査役会を有効に機能させるための環境整備の一環として丁寧に説明していくことが求められます。

5 株主との対話

【基本原則5】
　上場会社は，その持続的な成長と中長期的な企業価値の向上に資するため，株主総会の場以外においても，株主との間で建設的な対話を行うべきである。

　経営陣幹部・取締役（社外取締役を含む）は，こうした対話を通じて株主の声に耳を傾け，その関心・懸念に正当な関心を払うとともに，自らの経営方針を株主に分かりやすい形で明確に説明しその理解を得る努力を行い，株主を含むステークホルダーの立場に関するバランスのとれた理解と，そうした理解を踏まえた適切な対応に努めるべきである。

考え方

　「『責任ある投資家』の諸原則《日本版スチュワードシップ・コード》」の策定を受け，投資家には，投資先企業やその事業環境等に関する深い理解に基づく建設的な「目的を持った対話」（エンゲージメント）を行うことが求められている。

　上場会社にとっても，株主と平素から対話を行い，具体的な経営戦略や経営計画などに対する理解を得るとともに懸念があれば適切に対応を講じることは，経営の正統性の基盤を強化し，持続的な成長に向けた取組みに邁進する上で極めて有益である。また，一般に，上場会社の経営陣・取締役は，従業員・取引先・金融機関とは日常的に接触し，その意見に触れる機会には恵まれているが，これらはいずれも賃金債権，貸付債権等の債権者であり，株主と接する機会は限られている。経営陣幹部・取締役が，株主との対話を通じてその声に耳を傾けることは，資本提供者の目線からの経営分析や意見を吸収し，持続的な成長に向けた健全な企業家精神を喚起する機会を得る，ということも意味する。

【原則5-1　株主との建設的な対話に関する方針】

　上場会社は，株主からの対話（面談）の申込みに対しては，会社の持続的な成長と中長期的な企業価値の向上に資するよう，合理的な範囲で前向きに対応すべきである。取締役会は，株主との建設的な対話を促進するための体制整備・取組みに関する方針を検討・承認し，開示すべきである。

補充原則①

　株主との実際の対話（面談）の対応者については，株主の希望と面談の主な関心事項も踏まえた上で，合理的な範囲で，経営陣幹部または取締役（社外取締役を含む）が面談に臨むことを基本とすべきである。

補充原則②

　株主との建設的な対話を促進するための方針には，少なくとも以下の点を記載すべきである。
 (i) 株主との対話全般について，下記(ii)〜(v)に記載する事項を含めその統括を行い，建設的な対話が実現するように目配りを行う経営陣または取締役の指定
 (ii) 対話を補助する社内のIR担当，経営企画，総務，財務，経理，法務部門等の有機的な連携のための方策
 (iii) 個別面談以外の対話の手段（例えば，投資家説明会やIR活動）の充実に関する取組み
 (iv) 対話において把握された株主の意見・懸念の経営陣幹部や取締役会に対する適切かつ効果的なフィードバックのための方策
 (v) 対話に際してのインサイダー情報の管理に関する方策

補充原則③

　上場会社は，必要に応じ，自らの株主構造の把握に努めるべきであり，株主も，こうした把握作業にできる限り協力することが望ましい。

1. 背景となる株主の考え方

企業との建設的な対話への積極姿勢

　日本の上場会社のIR活動は近年，充実が目覚ましいものがありますが，スチュワードシップ・コードとコーポレートガバナンス・コードが整えられたことで，上場会社が情報開示し株主が情報収集するという，情報の出し手と受け手の関係ではなく，双方向で対話し企業価値向上に向けて協働する関係が求められるようになっています。

　一概に株主といっても，投資哲学や運用スタイル，投資資金の性格などによって，必要とする情報のニーズはそれぞれ大きく異なります。さまざまな株主のニーズにすべて応えることは不可能であり，上場会社は短期売買を中心とした投資家ではなく，例えばスチュワードシップ・コードの受入を表明している「責任ある投資家」との対話を中心に考えていくことが妥当と考えられます。

　「責任ある投資家」は，上場会社に，対話をいかに企業価値向上に結びつけていくかという方針の策定と，対話を実効的に行うための体制の整備を求めています。

　上場会社は株主と平素から対話することにより，株主の意見を理解した上で，客観的に見て適切なリスクテイクが可能となり，積極的に経営戦略を推進することができます。資本提供者としての株主をコーポレートガバナンスにおける重要な起点として捉え，双方が責任を果たすという考え方における株主の役割は，取締役会が透明・公正かつ迅速果敢な意思決定を行うために社外取締役が果たす役割・責務と近い発想であると考えられます。

　上場会社と株主の関係は，対話の機会の拡大により，今後大きく進化すると期待されています。上場会社は，優良な機関投資家を株主に持つことで，健全な「緊張と協調」の関係を築き，持続的な成長と中長期的な企業価値向上を図ることが求められています。

経営陣との強い面談希望

　上場会社と株主の対話は，さまざまな場面で行われていますが，多くの株主にとっては自分たちの考え方やポジションは運用ノウハウに関する部分を含むため，他の株主に対して知られたくありません。決算説明会やラージ—ミーティングの場面での質問がセルサイド・アナリスト（証券会社のアナリスト）中心でバイサイド・アナリスト（機関投資家など）からの質問が限られているのも，そのためです。

　また，建設的な対話の場面では，経営者の人となりや考え方を深く理解し，中長期にどのような経営が行われ，企業価値を拡大していくのかということに関心が置かれます。つまり，そこで得られる定性情報は，経営陣以外の担当者との対話や開示資料から得られるものではありません。

　したがって，株主は，上場会社と建設的な対話を行う上では1対1での経営陣との面談を強く希望しています。責任ある長期株主にとって経営陣との対話は投資の必要条件なのです。

対話方針への求め（各部門の連携，フィードバック，インサイダー情報管理）

　上場会社の株主との対話のための体制整備は，近年大幅に向上しています。この補充原則②で示されている内容は，株主から見て重要な項目が適切に整理されています。なかでも企業間に大きな格差があり，株主が特に重要と考えているのは(ii)，(iv)，(v)です。

　(ii)の「各部門等の有機的な連携」について，上場会社は縦割りで部門ごとに開示資料を作成している場合が多く，経営理念など基本的な情報ですら資料により微妙に表現が異なり，課題の優先順位などが異なることもあります。株主はそのような資料作成からも経営の一体感や社風などを判断しています。

　(iv)の「フィードバックのための方策」に関しても，企業間の格差は大きいものがあります。IR担当役員や担当者とのミーティングでの内容が，その次に行われる社長などとのミーティングの際に，社長など経営陣に伝わっているか，前回提案したことにどのように対応しようとしているかということ

を，責任ある投資家は確認しています。

(v)の「インサイダー情報の管理に関する方策」に関しては，今後対話がさらに活発になり，関係者も増加することで特に重要となります。未公表の重要事実であれば株主側は売買停止などの適切な対応をとることになりますが，強制開示の基準には達しないものの，投資判断に影響を与え得るグレーなゾーンの情報については，バスケット条項などで重要事実と判定される可能性のあるものかどうかすぐには判断できないものもあります。対話において誤って重要事実を伝えてしまった場合等は，そのことを株主に伝え，適切な対応を促すことが重要となります。また，重要事実を伝えられた場合，株主は売買ができなくなり，それを知らない株主に対して不利な状況に置かれるため，そのような情報は受領したくないと考えていることをまずは理解しておくことが必要です。

▌株主保有状況は株主判明調査が必要

株主は自らの投資行動を外部に示すことによって，外部の株主が自分たちの判断に追随することになり，売買コストなどが上昇することを警戒しています。長い時間をかけて徐々に組入れ比率を上げていくといった投資行動をとる株主にとっては，これは特に重要であり，基本的に株主が自ら積極的に保有株数を公開することはありません。

したがって，上場会社が株主構造の把握を求める場合には，公開情報だけでは不十分であり，直接のヒヤリングや調査機関を通じた株主判明調査などを活用することが必要となります。

2. 具体的な実務の例

▌対話に対する心構えと双方向の対話手法

日本の上場会社の多くは，これまでもIR活動に取り組み，株主とのミーティングを実施してきており，当原則の遵守については異論はないと考えら

れますが，その取り組みは上場会社ごとの差もあり，今回，本原則で示された内容を最低限必要なことと認識し，株主との対話を促進するための方策を充実することが必要となります。

　まず，対話を前向きに捉えることが重要です。経営者やIR担当者の心理として，株主から質問責めにされ，経営を批判されることは嫌なものです。特に業績が思わしくない時期であれば，さらにその傾向は強まります。しかしながら，株主目線の経営分析や意見を経営にどのように活かすか，自らの経営方針が理解され，企業価値が正当に評価されるためには，どのように伝えていくかについて，経営者としての説明責任が問われていると理解する必要があります。建設的な対話は，経営者が説明責任をどのように果たすかによって実効性が大きく異なります。株主は経営者のコミットメントを極めて重要と考えていることを踏まえ，厳しいときほど前向きに対応する必要があります。

　また，日本の上場会社は，多くの場合，株主側からの質問や意見に対して受け手に回っていますが，これは改善する必要があります。ここで求められているのは建設的な双方向の対話ですので，一方的に質問され，これに答えるだけでなく，上場会社側から，なぜ株主はそう考えるのかを聞き返し，その質問の意図を知ることにより株主の考え方を認識することが重要だからです。特に，株主側が思い違いをしている場合や，短期的な視点に立ち長期の企業価値を損なうと考えられる意見に対しては，明確に反論する必要があります。欧米では，経営者がアナリストやファンドマネージャーに対して経営とは何かについてレクチャーを行うこともあり，ときには株主を教育し，企業価値を市場から正当に判断されるようにすることも経営者の責任と考えられます。

▌体制整備・取組みが不十分で方針が未策定の場合の開示方法

　当原則は，これからの企業と株主の関係の在り方を示す重要な原則であり，他国のコーポレートガバナンス・コードにはない日本独自の先進的な原則と

して外国人投資家からの注目度も高く，積極的な姿勢が国内外の機関投資家からの評価につながると考えられます。したがって，当原則で開示が求められている方針について，まだ方針が定まっていない場合，あるいは十分な体制が整っていない場合には，表面的な開示ではなく，遵守する旨と同時に，未完成であることを示し，ただちに，方針策定と体制整備を進める考えとその予定工程を示すことが必要です。

▍体制整備・取組みに関する方針の冒頭に示す，対話への姿勢

　当原則は，単なる遵守状況だけでなく，会社がどのような考え方に基づき方針を作成したかを示すことが重要です。そこで，まず，会社は，「建設的な対話」とはどのようなものと捉えるか，「建設的な対話」について，どのような姿勢をとるのかを方針の冒頭に表明することが，その後に続く方針や体制について理解を深めるために効果的です。両コードで定められ，株主に求められるから仕方なく対話を行うのではなく，対話の機会を積極的に捉え，自社の経営のために株主目線の経営分析や意見をどのように活用していこうとしているのかを明確にして示すことが重要です。

　その上で，補充原則①から③までを一貫した方針として定め，これらの具体的な内容を説明することで，株主に対する会社の姿勢を表します。

▍対話する株主の合理的な範囲の開示

　面談申し込みに対しては，経営陣幹部または社外を含む取締役が直接面談を行うことが重要であるという考えが示されています。他方で，多数の株主を抱える上場会社が，株主からの面談申し込みにすべて応じることは現実的ではなく，「合理的な範囲で」と実情にも配慮されています。

　当然のことですが，株主からの面談の申し込みがあれば，必ず経営陣幹部や取締役が会わなければならないというわけではありません。常識的に考え，面談希望の株主の状況や面談内容・希望日程，対応者のスケジュール等を踏まえて可能な限り面談に応じるということになります。現在でも，上場会社

では何らかの基準を内々に設けています。今後ますます増加して来ると予想される株主からの面談要請に対して，どのような形で対応していくのか，社内では一定の基準を定めることになると考えられます。例えば，「一定数以上の株式保有を条件とすることも排除されない」とコードの解説[13] [14]ではあげられており，現在でも保有株数や株主の属性などから，社長やIR担当役員がIRミーティングに出るときの基準を内々で定めている上場会社もあります。

しかしながら，株主平等の原則に沿い，「来るものは拒まず」をIRの鉄則と考える上場会社も多く，仮に保有株数を基準とすると，これから買おうと考えている潜在株主や少数保有の株主を排除することになります。今後株主となる可能性のある優良な機関投資家との対話の場を自ら排除するのは上場会社として得策とはいえず，株式実務面で見ても，そもそもどの時点の株数とするか，株主名簿に載らない実質株主の保有株数をどう把握するかなど厳密に株数で区切るのは難しいといえます。

また，別の考え方として，経営者が対応すべき対話の相手はやはり「責任ある投資家」ですから，スチュワードシップ・コードの受入表明をし，自ら責任ある投資家として建設的な対話をする用意があることを表明していることを1つの基準とする方法もあります。受け入れ表明文においてしっかりと投資スタンスを説明しており，その表明文から対話の相手として相応しいと上場会社が自ら選択します。もちろん，海外の機関投資家の多くは，日本版スチュワードシップ・コードの受入表明を行っていませんが，責任ある投資家は通常自らの投資哲学を明確に開示しています。

これらのことから，合理的な範囲については，必ずしも開示が求められているわけではありませんが，開示する場合は定量的基準を示すのではなく，対話の相手として望ましいと考える株主を定性的に説明し，これらの株主と積極的に対話する用意がある旨を「対話の方針」の中に含む方法が効果的で

---

13) 石井・若林（2015）。
14) 油布・渡邉・髙田・浜田（2015）。

あると考えます。

具体的な対話の体制の整備・取組み

　補充原則②については，株主との建設的な対話を行う上で，必要と考えられる体制整備や取り組みに関して記載されています。これらは「ディスクロージャーポリシー」としてまとめられているケースもありますが，ここでも上場会社発の情報開示という観点ではなく，双方向での建設的な対話において何が必要かという観点から再度見直すことが必要です。

①対話全般について統括し目配りする経営陣もしくは取締役の指定

　この指定には，企業価値を高めるための対話という目的から，誰が対話相手となる投資家の選別を含めた統括を行っていくのが効果的かという観点が重要です。(ⅳ)で求められているとおり，対話内容は経営陣のみならず社内の関連部門で共有することが必要となるため，単にIR担当役員だからという理由だけではなく，必要と考えられる情報や権限を持っているかという観点からも責任者を指名する必要があります。対話では，財務や経営全般だけでなく，ガバナンスやサステナビリティーに関わる内容も含まれます。したがって，指名される責任者は，財務に関する知識だけでなく，ガバナンスやサステナビリティーに関する知識も持つとともに，社長や経営企画担当役員をはじめ，社内各所にフィードバックする権限・機能を持つ必要性があります。

②社内の部門間の有機的な連携の方策

　社内の部門間連携は，いわゆる「サイロ問題」とも呼ばれ，これまで多くの会社で取り組みが不十分であったと考えられています。多くの会社では，機関投資家対応，経営戦略や経営管理，株式実務や個人株主対応，法務・コンプライアンス，財務・経理など，機能ごとに担当部門が分かれています。これまで機関投資家とは，IR担当部門が，経営状況や業績などを主なテーマとしたIRミーティングを行い，必要に応じて各部門と情報共有してきま

したが，属人的なスキルや個人的ネットワークに頼り，担当者の異動によって大きく開示レベルが変わるなど組織的な仕組みとしては不十分であるケースも見られました。建設的な対話では，持続的な成長と中長期的な企業価値向上に関する経営分析や意見を交わすエンゲージメントを行うため，IR担当の意識だけでは十分でなく，社内各部門との有機的な連携が不可欠となります。

また，上場会社が外部に発信している情報は，部門ごとに縦割りになっているために発信内容自体に微妙な差が出ないように注意することが重要です。

特にIRとSR（Shareholder Relation）・株式実務の融合は重要です。情報開示に関する「開示しないリスク」（マーケットリスク）と「開示するリスク」（リーガルリスク）の適切なバランスをとり，財務・非財務情報の広い領域をカバーしながら，社長や担当役員による株主との建設的な面談を実現するためには，株主・投資家との対応に慣れている両部門の密接な連携は第1ステップともいえます。すでにいくつかの上場会社で，IRとSR/株式実務担当を融合させた組織体制にしていますが，組織変更までを行わない場合にも，連絡会，共同プロジェクトなど，さまざまな方法で連携を高める具体的な仕組みを整えることが重要です。

③個別面談以外の対話の手段の充実

すでに，多くの上場会社でさまざまな取り組みが行われてきました。例えば，機関投資家向けであれば，スモールミーティング，テーマ別事業所見学会，決算説明会，テレフォンカンファレンスなどのイベントなどが行われ，また，個人投資家向けにも，株主説明会，個人投資家説明会，事業所見学会などのイベントが行われています。

一方，すでに取り組んでいる上場会社は，単に取り組みの量を増やせばよいというわけではありません。より効率的・効果的な対話を行い，有限である経営陣・取締役の時間を効果的に使うために，それぞれのイベントの効果を高める工夫を考える必要があります。会場や時間割りなどのイベント運営

の工夫だけでなく，イベントそのものを新しくすることも考えられます。例えば，ガバナンスやサステナビリティーなどテーマを絞り込んだスモールミーティング，個人株主から意見を聞く個人株主委員会[15]など，新しい試みが始まっています。ネットの活用余地も大きいと思われます。

④フィードバックの方策

　対話内容の経営へのフィードバックは，建設的な対話を企業価値向上につなげるためには極めて重要です。株主との対話の内容が，経営陣幹部や取締役会に伝わらず，企業価値向上に向けた改善につながっていないとすれば，株主にとっても残念ですし，上場会社にとっても無駄なコストにすぎません。フィードバックの有無は，経営陣幹部や取締役会のコミットによる部分が大きいといえます。また，原則4-7で示された株主をはじめとしたステークホルダーの代表としての社外取締役の役割を踏まえると，株主との対話内容を理解しておくことは社外取締役の責務を果たす上での前提条件ともいえます。

　優れた対話を実現している上場会社では，定期的に株主の意見を整理して取締役会に報告し，株主に指摘された経営課題を取締役・監査役が共有する仕組みを構築しています。さらに，これらの取締役会への報告を社内横断プロジェクトで行うと，(ii)の部門間の有機的連携にもつながります。

　また，フィードバックの方法は，取締役会での報告だけではありません。これまで社長やCFO，IR担当役員のみが対話の場に出ていましたが，ときには各役員が分担して株主との対話の場に陪席する方法も考えられます。株主とのやりとりに臨場感を持って接し，直接質問に答える場面もあれば，株主の考えを理解することにつながります。IR担当役員ではないので，頻度を多く設定する必要はありませんが，すべての経営陣が株主との対話に出席した経験を持つということは，経営にとってプラスと考えられます。

---

15) ロレアル社は個人株主から意見を聞く委員会を設置している。http://www.loreal-finance.com/eng/consultation-committee

⑤インサイダー情報の管理に関する方策

　まずは，社長やIR担当役員などの面談者と補助の担当者全員で，何がインサイダー情報であるかを確認するなど，内部者情報の管理を徹底することが必要です。通常の内部者情報管理の仕組みの中に，対話の場面を組み込み，インサイダー情報の管理に関する規定を整備し参加者全員に徹底させます。

　また，株主との対話の中で，未開示の重要事実を意図的に伝えるということは絶対に行わないのは当然ですが，重要情報の内容を想起させる発言にも注意を要します。

　それでも，対話の流れでうっかり未開示の重要事実を伝えてしまったという間違いは常に起こり得るということを前提にして，その場合に適切な対応が行えるように仕組みを整えておくことが必要となります。

　万が一，重要事実と判断される可能性があるグレーな情報を話してしまった場合，対話に同席しているIR担当がその場で株主に対してそれが重要事実に該当する可能性のあることを告げ，適切な対応を求めます。その場合は，その旨を記載した文書を株主と交わすなど証跡として残すなども考えられます。

　株主は，自分だけ売買停止となる不利益を避けるため，上場会社にすみやかな開示を求めますが，まだ機関決定しておらず，内容が大きく変更される可能性があるなど，情報が未成熟な段階での開示は市場を混乱させるおそれもあり，状況によってはすみやかな開示ができない場合もあります。グレーな状態でいつまでも放置せず，すみやかに意思決定し適時開示するか，取りやめを決定し未公表の重要事実の存在そのものをなくし，株主に対しても重要事実として取り扱う必要がない旨を伝える必要があります。また，このような場面では，過去の経験や企業内の常識で判断するのではなく，弁護士等に判断を求め，すべての証跡を残しておくことが重要です。

株主構成の把握によるIR戦略の立案と実施

　補充原則③は，上場会社側に対してだけでなく，株主側に対しての要望と

もなっています。多くの上場会社が，実質株主判明調査などを行い，株主の保有状況の実態を把握するとともに，保有する株主の投資スタイルや安定度合（どのくらいの期間の保有が見込めるか）などの分析を行い，自社のIR・対話の活動の結果を認識しています。その際に重要なことは，株主構成を把握するだけでなく，将来的に望ましい株主構成をイメージし，そこに向けたIR戦略を構築し実行していくことです。同時に，海外機関投資家，国内機関投資家，政策保有株主，法人，個人株主などの属性のほか，投資スタイルの分布なども勘案し，会社に対する深い理解を背景とした株主層を築くことが重要です。

また，株主との対話を行うにあたっては例えばスチュワードシップ・コードの受け入れを表明した投資家の対応方針を読むことなどで株主の考え方を理解することも有益です。株主側のディスクローズが不十分な場合には，その積極的な開示を上場会社側から求めていくことも必要であると考えられます。

コラム⑬　決算日と議決権行使基準日の分離による株主総会に向けた議論の活性化

　最高意思決定機関である株主総会を，株主と上場会社の建設的な対話の機会として活性化することに，多くの人は異論がないと考えられます。しかしながら，実際には，株主総会は，法制度上の問題，時間的距離的な問題などから，機関投資家をはじめ，多くの株主が出席できず，招集通知等の開示資料に基づいた議決権の事前行使で決議され，総会の場での議論はほとんど形骸化しているといっても過言ではありません。

　総会を活性化し，株主と会社の建設的な対話の場とするために現在さまざまな検討が行われています。株主総会において建設的な対話が実現できるよう，議決権行使基準日の変更など抜本的に株主総会の運営方法を見直すことも今後の検討課題となります。

　ここでは，国内外の機関投資家や遠隔地との個人株主との建設的な対話を行うことを目的とした，株主総会運営の見直しの一例として，決算日と議決権行使基準日の分離による株主総会に向けた議論の活性化を示します。

まず，建設的な対話を行う場所は，株主総会当日の会場だけではなく，株主総会前のさまざまな機関投資家とのミーティングや個人株主向け説明会なども含め，事前の段階から株主総会当日までをトータルで株主総会の議論の場と考えます。
　総会当日に至るまでの期間において，国内外の機関投資家とミーティングを行い，招集通知をベースに，総会議案やガバナンスに関する建設的な対話を行うとともに，個人株主などに対しても各地で会社説明会を開催し，対話を実施します。
　総会当日に至るまでのこれらの対話の期間を確保するために，「議決権行使基準日と決算日の分離」の定款変更を行い，3月決算会社であれば，5月末に議決権行使基準日を設定し7～8月に株主総会を開催します。
　現在，3月決算会社が決算日後3か月目の6月下旬に総会が集中しているのは，議決権行使の基準日から3か月以内に総会を開催しなければならないとの法規制があるだけの理由ではなく，実際の決算・総会運営の実務でも，十分な監査期間の確保や，監査報告書提出後の計算関係書類の取締役会承認，総会開催2週間前の招集通知の発送などの法的手続きから，決算日後約3か月弱の期間が必要となり，結果的に，総会は6月中～下旬になるというのが実情です。有価証券報告書の提出や法人税の支払い，配当の支払いなども，6月末の総会開催に合わせて行われてきました。
　一方，会社法上，決算日から3か月以内に株主総会を開催しなければならないという規定はなく，議決権行使基準日の効力は3か月を超えることはできないという定めがあり（会社法125条），これまでは決算日と議決権行使基準日を一致させてきた結果，決算日から3か月以内に株主総会を行って来ました。しかしながら，決算日と議決権行使の基準日は，定款で別に定めることで，決算日後3か月以降であっても株主総会を開催することは可能です。
　そこで，決算日2か月後の末日（3月決算会社であれば5月末日）に議決権行使の基準日を設定し，総会を3か月目の下旬（同8月下旬）に開催します。
　決算・総会業務は，これまでどおりに進めると，決算数値確定後，会計監査人の十分な監査を経て，計算関係書類の取締役会承認を行い，その後，招集通知の印刷に取り掛かれば，決算日2か月後の末日（同5月末日）の議決権行使基準日の直後に招集通知を発送できます。
　これにより，総会の約3か月前に株主が招集通知を見ることができます。また，議案の検討に3か月間確保できるので，招集通知をもとに，国内外の機関投資家とガバナンスに関するミーティングを実施することや，各地の個人株主向けに会社説明会を開催することも，可能となります。総会に出席できない株主と時間的

余裕を持って建設的な議論を深めることができ，これらの総会前の十分な議論を踏まえて，最終的に株主総会で決議を行えば，株主総会が活性化できると考えられます。

図表2-13 決算期から株主総会までの日程（3月決算会社の例）

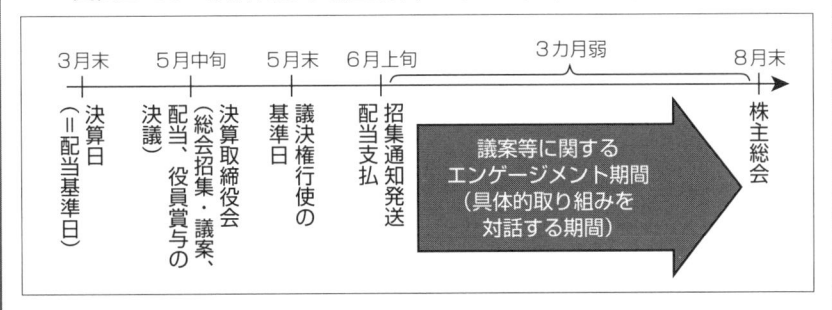

```
3月末    5月中旬    5月末    6月上旬   ←3カ月弱→   8月末
 ┬        ┬         ┬        ┬                    ┬
決算日   決算取締役会 議決権行使の 招集通知発送     株主総会
(=配当  (総会招集・議案, 基準日    配当支払
基準日)  配当,役員賞与の
         決議)
                              議案等に関する
                              エンゲージメント期間
                              （具体的取り組みを
                                対話する期間）
```

ただし，すでに株式を売却した者が議決権を持つことの問題などからは，議決権行使基準日から総会があまり離れない方がよいとの考え方があり，また，株主総会で期末配当や役員賞与を決議することも多いため，総会で決議することの意味を設定し直す必要があります。すなわち，総会で決算するのではなく，決算は，ガバナンスの役割と責務の体制が十分に整った取締役会で行い，総会は，長期的な経営方針やガバナンス体制（定款）と，それを推進する役員体制とインセンティブとなる役員報酬制度の在り方を決める場とするなど，総会の意義を再整理します。このためには，取締役会の役割を整理し，権限を強めることも必要となります。

基準日変更を行うことで株主との対話は1年を通じたものとなります。つまり，3月決算会社でいえば，総会後から年内は，中長期的な経営について，株主と対話します。そして，年明け1月から3月までにそれらの対話の内容を踏まえ，翌年度以降の方針，中計や年度計画を策定し，5月に，その中長期的経営を担っていく役員の体制やインセンティブとなる報酬の枠を決める株主総会議案を決定します。招集通知の発送を経て，6月から総会までの間に，議案内容をテーマに株主と対話します。この総会前の対話を十分に行って総会で決議します。そして，また次の年度以降に向け，中長期的対話を行っていきます。このような年間を通じた対話のサイクルを，株主総会を軸に体系化することで，経営戦略策定の中に株主の声を反映する仕組み化ができるようになると考えます。

図表2-14　エンゲージメントサイクルにおける2つの期間

株主総会	長期的課題を対話する期間	社内検討期間	具体的取り組みを対話する期間	株主総会
	総会後の半年間。経営方針や長期戦略，目標，ガバナンスの在り方（機関設計，役員体制，役員報酬）など，長期的なテーマを対話する。	対話の結果を踏まえ，社内で長期戦略，中期計画，ガバナンス制度などを検討し，次期役員体制，役員報酬などの総会議案を策定する。	決算取締役会後から総会までの期間。総会議案（役員選任，役員報酬など）を基に，具体的な次期役員体制・報酬などを対話する。	

ただし，以下のように，法的解釈や運用方法の変更に検討を要する問題も残ります。今後の検討が期待されます。

① 会社法の定めで，議決権行使の基準日は，決算日や配当基準日とは別の特定の日とすることを定款で定めることができます。また，会計監査人による無限定適正意見が表明された監査報告があれば，株主総会での決算承認は必要ありません。ほとんどの上場会社の会計監査人の監査報告書には無限定適正意見が表明されており，定款の定めにより，取締役会決議によって計算書類を確定することが可能です（会社法439条，会社計算規則163条）。したがって，金融商品取引法により決算日後3か月以内の提出が義務づけられている有価証券報告書の提出には問題はないと考えられます。ただし，無限定適正意見が表明されなかった場合の問題は残ります。

② 法人税法上では，法人税の納付に必ず株主総会決議が必要なわけではありません。（法人税の納付期限は決算日翌日から2か月以内ですが，一般的に，2か月以内に見込納付を行うとともに，決算の報告を行う株主総会の開催を理由に申告期限の延長を申請し，納付期限の翌月となる総会終了後に差額を納付しています。（これは，申告期限の延期の理由の事例の1つに，株主総会の決算日後3か月以内の開催の定款の定めがあることがあげられているためです）。①のとおり，無限定適正意見が表明された監査報告があれば，株主総会での決算承認の必要はないため，申告期限の延長申請をせずとも納税が可能との解釈がなされています。（法人税法74条1項，75条の2）。

③ 配当金の支払いは，配当基準日を決算日とするか，議決権行使基準日とするか，2つの方法があります。決算内容に基づき期末配当を決定するか，資

本政策を背景に期末配当を決定するかなどの考え方により対応方法は分かれます。さらに，配当金の決定を定款授権し，取締役会決議に移譲するなどの方法もあります。この場合も，定款変更の内容を，配当の決定権を総会に留保しながら取締役会に授権するか，総会に留保せずに取締役会に授権するか，2つの方法があります。議決権行使助言会社ISSは総会に留保する方法を賛成の基準としています。

④　会社によっては，役員人事の時期を変更しなければなりません。通常，総会で決定する取締役・監査役の人事と経営陣・幹部社員の人事異動の時期が大きくかい離することは望ましくないと考えられます。その場合，ビジネスマネジメントに関わる執行役員などの経営陣・幹部社員の人事異動時期と，モニタリングに関わる取締役・監査役の人事の時期を完全に切り離すという方法も考えられます。

【原則5-2　経営戦略や経営計画の策定・公表】

　経営戦略や経営計画の策定・公表にあたっては，収益計画や資本政策の基本的な方針を示すとともに，収益力・資本効率等に関する目標を提示し，その実現のために，経営資源の配分等に関し具体的に何を実行するのかについて，株主に分かりやすい言葉・論理で明確に説明を行うべきである。

1. 背景となる株主の考え方

▍コーポレートファイナンス理論に従った株主の思考

　長期視点の機関投資家は，会社が決算説明会などで示す業績数値，経営計画や数値目標をもとに，運用機関がファイナンス理論に基づき作成している分析ツールを用い，将来キャッシュフローの予想などから企業価値を算出し，現在の株価と比較し割高割安の判断を行います。

　一方の日本の上場会社は，コーポレートファイナンスに則した説明はこれまで十分であったとはいえません。上場会社の多くは，売上高やシェアの拡大など「規模の拡大」を中心とした売上目標を設定し，その結果としての数値を示しているにすぎない場合が多く見られます。また，短期志向の機関投資家やアナリストが，足元業績などの短期的な数値を追いかけ，その達成・未達成による投資判断や，PERなどの指標に基づく株価分析を行ってきたため，会社側も損益計算書ベースの開示が中心となっており，経営計画の指標の置き方，決算資料（決算短信，四半期報告書，招集通知）の記載，さらには社内の管理会計の方法も損益計算書が基本となってきました。

　株主は，「規模の拡大」で思考した経営計画，目標設定ではなく，資本コストを明確に意識した経営計画，目標設定を求めており，その実現に向けた戦略的な経営資源の配分を具体的にどのように行っていくのかの説明を求めています。

2. 具体的な実務の例

▌コーポレートファイナンス理論を意識した説明

　上場会社は，中長期的な収益目標，資本政策の方針を定め，当面の目標とする収益性・資本効率を指標とともに提示し，その目標実現のために経営資源をどのように配分し具体的にどのような取り組みを行うかをコーポレートファイナンスの論理を踏まえて説明することが必要です。株主との共通言語で語ることにより，ようやく株主と上場会社が共通の土俵の上に立ったスムースな対話が成り立ち，成長に向けた建設的な対話が行われるようになります。

　具体的には原則1-3で述べた資本政策の基本的な考え方と整合的な収益力・資本効率に対する目標を設定し，経営陣が考えるビジネスのビッグピクチャーを踏まえて，それを達成するための戦略的な経営資源の配分を説明することとなります。

　また，当原則のうち，「収益力・資本効率等に関する目標を提示し，その実現のために，経営資源の配分等に関し具体的に何を実行するのかについて，株主にわかりやすい言葉・論理で明確に説明を行う」という部分は，その目標設定が適切か否かの判断は株主との対話の中で決定されます。事業の取り組みの説明を行う上では，下記に示すようなROEの要素分解を念頭にそのKPIを説明することなどが想定できます。

　これらのROEの分解要素を踏まえ，具体的な取り組みによって，どこが変化するのかを明確に意識して説明できるように，次期中期計画の中で公表し，さらに，その実施状況を分析し対話していくことが望まれます。

図表2-15 ROEの分解事例

```
ROE ─┬─ ①純利益率 ─┬─ 税前利益率 ─┬─ 売上高粗利益
     │             │               │    ├─ 限界利益率
     │             │               │    ├─ 単価(売価)
     │             │               │    ├─ 数量効果
     │             │               │    └─ ロイヤリティ収入
     │             │               ├─ 売上高原価率
     │             │               │    ├─ 売上高減価償却費率
     │             │               │    ├─ 単価(原価)
     │             │               │    ├─ 数量効果
     │             │               │    ├─ 稼働率
     │             │               │    └─ 価格ヘッジ(原材料,燃料,為替等)
     │             │               ├─ 売上高販管費率
     │             │               │    ├─ 営業費用・管理費用
     │             │               │    │    ├─ 1人当たり売上高
     │             │               │    │    ├─ 1人当たり営業利益
     │             │               │    │    ├─ 販促費
     │             │               │    │    ├─ 広告宣伝費
     │             │               │    │    ├─ 契約更新率(継続率)
     │             │               │    │    └─ 外部委託(アウトソース)
     │             │               │    └─ 研究開発費
     │             │               │         ├─ インライセンシング
     │             │               │         └─ ライセンスアウト
     │             └─ 法人実効税率 ─ 営業利益率
     │                               EBITマージン
     │                               EBITDAマージン
     │
     ├─ ②売上高資産回転率 ─┬─ 売上高流動資産回転率 ─┬─ 在庫回転日数
     │                     │                        │    ├─ リードタイム
     │                     │                        │    ├─ 日販
     │                     │                        │    ├─ 既存店売上
     │                     │                        │    ├─ 受注残
     │                     │                        │    └─ 在庫処分,廃棄
     │                     │                        └─ 現金回収サイクル
     │                     │                             ├─ 売掛金回転日数
     │                     │                             └─ 買掛金回転日数
     │                     └─ 売上高固定資産回転率 ─┬─ 稼働率
     │                                              ├─ 歩留り
     │                                              ├─ 設備投資(能力増強,メンテナンス)
     │                                              └─ 床面積当たり売上高
     │
     └─ ③財務レバレッジ ─┬─ 有利子負債比率
                          ├─ 有利子負債／EBITDA
                          ├─ インタレスト・カバレッジ・レシオ
                          ├─ コアTier1比率
                          └─ 外貨調達
```

(注)
- ①～③はデュポン分解として知られる3要素分解：（当期純利益／売上高）×（売上高／総資産）×（総資本／株主資本）
- 多様な業種を想定した汎用的なものであり、すべての分解要素が1つの企業に当てはまるものではない。

出所：経済産業省（2014）。

コラム⑭　エンゲージメントでの質問の例

　エンゲージメントという聞きなれない言葉に接し，上場会社のIR担当者から，今までのIRミーティングや取材とどう違うのか，アクティビストからの面談が増え，大幅な株主還元やリストラクチャリングを要求されるようになるのかなど，戸惑いの声を聞きます。

　一方の機関投資家も，それぞれエンゲージメントの定義が異なり，提案行使を含むものを指す運用機関もあれば，長期的視点で企業価値向上のための取り組みや資本政策などに関する対話をエンゲージメントとする運用機関もあります。また，経営陣幹部と長期的な経営についてミーティングを行うだけでなく，事業所や工場などに出向き，事業活動そのものを深く理解した上で経営課題を提案するなど，方法もさまざまです。

　国内の機関投資家が参加した「経済産業省　企業報告ラボ　投資家フォーラム作業部会」（現「投資家フォーラム」）では，具体的にどのような対話が期待されているのか，どのように対話すれば効果的なのかを示すため，2015年2月，対話シンポジウム「企業と投資家による持続的な価値創造を目指して～スチュワードシップの実践～」を開催し，公開エンゲージメントを試みました（http://www.meti.go.jp/policy/economy/keiei_innovation/kigyoukaikei/program.pdf）。

　以下は，この対話シンポジウム開催に先立ち，主催者である投資家フォーラム作業部会が，企業経営者と投資家との対話を促進するために作成した質問表「企業経営者と長期投資家の実りある対話のために」の概要です。機関投資家は，ここであげられている内容などを中心に，個々の企業が直面している課題について，対話の中で企業経営者の方々の考え方を十分理解し，投資判断を行いたいと考えています。当然，機関投資家からの質問はこれらの内容を1つ1つ確認するようなものではなく，企業ごとに最も重要と機関投資家が考える課題に集中する形で行われるのが一般的です。しかしながら，機関投資家が投資判断を行うために必要な項目についてある程度その全体像を捉えてようとしたこの質問票は参考になるといえるでしょう。本書でも，第3部で，上場会社はこれらの内容をガバナンス・ストーリーとして整理し，投資家との対話を通じて課題を認識し，持続的成長に向けた取り組みをともに行っていくことを提言しています。

「企業経営者と長期投資家の実りある対話のために」概要
1．長期的な戦略課題と持続的な価値創造
(1.1) 目指すべき貴社の将来像
　　　10年後の姿，経営理念や長期ビジョン，競争優位性，経営の時間軸の考え方
(1.2) 目指す将来像や理念，ビジョンの，具体的な計画や課題への落とし込み，資金の活用や成長原資の確保，資本生産性
　　　経営計画や経営戦略等への反映，課題認識と具体的戦略の骨子，シナリオ，経営計画等における財務係数や経営管理指標（KPI）の目標値と現場への浸透の方法，株主資本の活用の考え方，成長投資・リスク対応・株主還元の配分割合，現金等の保有の適正と考えられる水準，政策保有している場合の期待効果，その具体的数量的な説明，政策保有株の取得・保有・売却の判断基準，金庫株保有の意図

2．規律ある経営の仕組み
(2.1) 成功失敗の判断を適切に行い，成果を確実に積み上げると同時に，現状に満足せず絶えずチャレンジを続ける経営
　　　経営戦略，事業計画の妥当性を評価する基準，評価を次につなげる仕組み，悪化の兆しを読み取り手立てを講じる体制・プロセス，業績悪化時・経営問題発生時の経営責任の明確化の規律・プロセス
(2.2) 自律と他律の適切なバランスを実現する場として経営統治機構をとらえたとき，経営と執行（マネジメント・ボード），監督と執行（モニタリング・ボード），助言と執行（アドバイザリー・ボード）という機構形態の分類
　　　経営と執行・監督と執行あるいは助言と執行の分離，取締役会の役割，経営体制の選択の考え方，社外取締役の役割（経営，監督，助言），社外取締役の資質・資格・員数・割合・任期，監査役と取締役の役割分担，社外監査役の資質・資格，監査役と取締役の相互連携
(2.3) 役員の選任プロセス，教育，およびインセンティブ付与の仕組み
　　　社内取締役（あるいは執行役）や社内監査役の適切な人材・選別・養成，経営トップの選任プロセスの対外説明力・透明性，取締役・監査役の教育・研修，評価と役員報酬（業績連動部分の割合，株式報酬の有無），社外取締役の業績連動報酬・株式報酬の考え方，役員報酬の決定で利益相反排除のための仕組み・手続き

3．投資家への向き合い方
(3.1) 投資家との対話に関する取り組み
「資本市場の声」の汲み取り・社内フィードバック，開示や情報提供などの投資家との長期的な信頼関係を強めるための工夫，総会議案に投資家の意見の反映，議決権行使結果の反映社外役員（取締役・監査役）と投資家との直接対話の障害とその理由
(3.2) 投資家の信頼が損なわれる事態が発生したときの開示方針
不祥事における投資家の信頼を取り戻す方法，その際の社外役員の役割
(3.3) 経営目標や報酬制度との関連で株価の位置づけ，役割についての考え方，方策
(3.4) 実質的支配株主が存在する場合，創業者が長年トップを務めている場合　少数株主（非創業者株主）の権利保護のための方策，オーナーの株式の今後
(3.5) 投資家との対話をさらに促進するために克服すべき課題，投資家への期待

コラム⑮　建設的な対話で株主は何を提案するのか

　スチュワードシップ・コードの受入により株主との対話や提案が増加するとの予想がありますが，企業からはROEなど資本生産性に関する質問が増えたものの，それほど大きな変化は感じられないという話も聞かれます。
　また，そもそもビジネスの詳細を理解できていない株主が何を提案するのかという意見もあります。しかしながら，これは事業内容や社内事情を知らない社外取締役を導入して業績が上がるのかという議論と同様の誤解があります。
　株主がビジネスへの理解では社内のマネジメントに遠く及ばないのは当然であり，彼らからビジネスマネジメントに関しての意見を求めることは無理があります。しかしながら，株主との対話を行っていくことによって，経営の透明性が高く客観的に見て妥当であることは担保されます。したがって，常に株主からのチェックを受けている状態というのは株主以外のステークホルダーにとっても安心できる状態といえます。株式市場からの資金調達を必要としていない会社にとって，株式市場に上場している意味は，株主からのチェックを受け合格している会社であるという社会的信用にあるともいえます。
　そのように考えると，株主に対して会社の置かれている状況を丁寧に説明し理

解を求めるということはすべてのステークホルダーにとっても安心できる状態であることがわかります。もちろん，株主がさまざまな提案を行ってくるということもあるでしょう。しかしながら，企業から見て建設的な提案でなかったとしても丁寧な説明を行っていくということが上場会社の信頼を高めることになるのです。

また，株主が経営者よりも知識面で優れていることの1つはコーポレートファイナンスの知識です。ここに来て経営者もコーポレートファイナンスに関して多くの知識を身に付けてきました。しかし，優れた機関投資家は常に日進月歩で変化する理論を追いかけています。そのような株主と議論することで資本政策を中心とする部分の考え方を常に見直していくことは重要です。

また，ファンドマネージャー・アナリストは常に上場会社を横比較しています。日々自らのビジネスを考えている経営者にとって，機関投資家の考え方は自らの置かれている客観的な立ち位置を確認する上でも重要といえるでしょう。特にこれからは既存ビジネスの改善だけでなく，どのような分野に戦略的に資源配分していくのかということが決定的に重要となります。その場合は多くの上場会社を分析している彼らの眼をいかに活用するかは極めて重要といえるでしょう。

これまでの上場会社と株主の関係は，上場会社側からの一方的な情報開示が中心であり，株主からのコミュニケーションは，アクティビストなど上場会社から見るとあまり歓迎しない株主からの提案が中心でした。しかし，スチュワードシップ・コードとコーポレートガバナンス・コードの成立により，上場会社と株主の対話には劇的な変化が期待されています。建設的な対話の場面では会社からも積極的に対話を行い，株主の持つノウハウを活用していくという姿勢が重要となるでしょう。

コラム⑯　対話に合意した場合，機関投資家は長期保有をコミットできるのか

上場会社の株式担当者と話していると，対話の場で会社側が株主からの要望や提案に同意した場合，機関投資家は長期保有をコミットできるのかという質問を受けることがよくあります。これは，上場会社と株主が何らかの戦略に合意した場合，そのことを材料にして株価が上昇したことを以て売り抜けるということがないかについての質問です。

上場会社の株式担当からすると，議決権で賛成票を確保するために支持株主を

どれだけ確保できているのかということが引き続き大きな関心事です。このような支持株主は，持ち合いによる安定株主のようにまったく何も対話することなく賛成票を投じてくれるわけではありませんが，きちんと説明することで，経営方針に納得し，現経営陣を支持してくれる株主をどれだけ確保しているのかということは重要と考えています。

　しかしながら，機関投資家は程度の差こそあれ基本的には長期保有はコミットできません。機関投資家の中には，我々は長期保有だという機関投資家もいますが，それはそもそも上場会社の考える長期とは異なります。通常，上場会社が考える長期というのは，最低でも5年，通常は10年以上のことを指し，1年2年というのは短期と捉えます。しかし，機関投資家が考える短期というのは数ヵ月，また極端な場合には数日・数時間ということもあります。また，長期といっても3年から5年も保有すれば十分長期といえるでしょう。機関投資家で必ず5年間保有するというのはかなり特殊な運用だと考えられます。また，資金提供者の状況によっては，機関投資家の投資判断者の好むと好まざるとに関わらず資金の流出入によって売買が発生してしまいます。政策保有以外では，機関投資家の長期運用というのは，基本的には上場会社が考える長期保有と同じではありません。

　また，機関投資家は基本的に株式を売ったり買ったりする存在であるから，ガバナンスの起点となり得るのであって，対話に合意した結果，モノ言わない安定株主になってしまっては受託者責任を果たせません。

　では，そのように長期の保有をコミットできない機関投資家というのは上場会社のパートナーにはなり得ないのでしょうか。実は，長期の機関投資家によるコーポレートアクションへの評価というのは似通ったものです。もちろん各機関投資家が用いている企業価値の評価方法によって評価の額自体は違いがあるのですが，何らかのアクションに対する評価の方向が異なるというのは稀です。したがって，長期機関投資家というものをある1つの塊と考え，彼らとのコミュニケーションを行うことで相互理解が成立していれば，誰が保有しているのかはあまり問題ではなく，その塊としての集団の中で保有されており，その集団との相互理解が成立していれば，それは支持株主として考えればよく，組織名で誰が保有しているということに拘る必要はありません。今後はこのように保有株主構成の考え方を変えていくことが必要でしょう。

第3部

どのように開示し，コミュニケーションするか

　コーポレートガバナンス・コードでは株主との対話が重視されており，その株主との対話のベースとなる開示をどのように行うかは極めて重要です。コーポレートガバナンスに関する従来の開示は，法定開示が基本であり，機関投資家の中でも議決権行使担当者などを主たる対象としたものでした。

　しかしながら，コードで対話すべきとしている株主は，機関投資家のポートフォリオマネージャーやアナリストなど企業価値に基づき投資判断を行う投資家が中心となります。彼らはガバナンス情報に関しても開示内容の確認というよりは，その背景にある企業文化や経営者の姿勢などを注視する傾向が強いと考えられます。すでにコーポレートガバナンス報告書でコードに関する開示を行っている会社もありますが，それを読むと内容以前に開示に対する姿勢から企業のカルチャーが滲み出ていることが理解できます。投資家から見た場合，コーポレートガバナンス・コードに関する開示をどのように行うかは，企業カルチャーやガバナンスの実効性を理解するための材料といえるでしょう。

　ここでは，上場会社が機関投資家と効果的な対話を行うために具体的にどのように開示を行えばよいか，具体例も示しながら解説しました。

1 開示とコミュニケーションに臨む姿勢

1．コーポレートガバナンス報告書による開示義務化の11項目と他の原則

　東証は，有価証券上場規程第445条の3における，既存の「上場会社コーポレート・ガバナンス原則」を廃止し，その尊重規定を「上場会社コーポレートガバナンス・コード」に置き換えるとともに，コーポレートガバナンス報告書の中に，コンプライせずにエクスプレインが必要となる項目についての説明と，コードの11の原則について遵守状況を開示する記載欄を設け，そこでの開示事項は企業行動規範の「遵守すべき事項」に規定しています。この11項目はOECDのコーポレートガバナンス・コードで開示されるべきとされている項目を参考に決められています。

　開示項目以外の事項を定める原則について，どのような形で遵守（実施）しているかについて，上場会社側から積極的に情報を発信することは，少なくともコードでは求められていません。したがって，上場会社にとっては，11の開示項目についてのみ開示し，他は何も説明しなくとも，独立社外取締役を採用し，極端にコードに反する行動をとっていない限り，基本的には遵守しているとすることも可能との考えもあります。

　しかしながら，コードで開示が求められていない他の原則についても，株主が強い関心を示す原則はあります。特に，その上場会社の資本生産性についての認識，攻めのガバナンスに向けた体制整備の考え方，非財務情報における持続性に関する部分など，上場会社の価値創造に対する経営姿勢に関わる原則については，コーポレートガバナンス報告書において開示が求められている項目についてのみ開示するだけでは，株主が理解をするために十分とはいえません。株主の理解を促すためにも，東証の開示項目以外でも，どのように理解し，どのような方針で，どのように取り組んでいるのかということを必要に応じて示すことが望まれます。

2．全原則の遵守状況の説明は不必要

ただし，すべての原則について対応状況や考え方を羅列して開示する必要はありません。原則の中にはその考え方を遵守すればよく，特に具体的な取り組みが求められていないものもあり，企業価値を考えるにあたって，株主はすべての項目について対応状況をチェックするニーズは必ずしも高くありません。

また，すべての原則について，何らかの新たなアクションが必要になると考える必要もありません。原則の中には，至極当然の内容が少なからず含まれており，それらについては，原則で明示されたことを機に，自社の日頃の対応が適切か，さらに改善する余地はないかということを再確認し，不足している場合があればそれに対応すればよいのです。

3．形式的なコンプライと表層的な説明の否定

一方，形式的にコンプライしたことにしておけばよいというような対応では意味がなく，原則の文言を熟読しながら，自社が真にとるべき対応について社内で十分な検討を行うことは重要です。たとえコードの原則が求めていることであっても，個社の置かれた状況に照らして，必ずしも企業価値の向上につながらないと思われるような事項があれば，実施しない方が望ましく，その説明が合理的なものであれば，そのように真剣に企業価値を考えて取り組む姿勢こそ株主は評価すると考えられます。

どのようなエクスプレインを行うかは，「コンプライ・オア・エクスプレイン」の母国である英国においても，規範に従わない理由を「取締役会が必要と認めないため」などと一般的・抽象的に説明する上場会社もあるという指摘もあります。そうした「ボイラー・プレート」（決まり文句）ともいうべき説明に対しては，厳しい批判がなされており，規範の実効性を高めるために何らかの監督の仕組みを導入すべきといった意見も見られます。コードでも，その前文において，「実施しない原則に係る自らの対応について，株主等のステークホルダーの理解が十分に得られるよう工夫すべきであり，『ひ

な型』的な表現により表層的な説明に終始することは『コンプライ・オア・エクスプレイン』の趣旨に反するものである」と述べています。基本となる考え方を示さずに結果だけを決まり文句によって開示することは，罰則を受けることがなかったとしても，株主からの信頼を失うことにつながるということを意識しておく必要があります。

4．遵守状況のチェックではなく，対話の材料，企業姿勢が溢れ出る情報の収集

　コードがプリンシプル・ベース・アプローチを採用したのは，多くの法令や規程に見られるようなルール・ベース・アプローチ（細則主義）では，各企業がルールの形式的な遵守のための対応のみに注力し，かえって規範の実質が蔑ろにされるおそれがあるからだとされています。一口にコードの原則を実施するといっても，その具体的な方法はさまざまであり，唯一無二の"正しい"実施方法があるわけではありません。つまり，プリンシプル・ベース・アプローチを採用することで，各上場会社の規模や事業分野など個別の状況に則した柔軟な対応を可能にするとともに，外からの押し付けではなく自発的に規範の精神を遵守し，実際の運営に関しては上場会社の自主的な取組みを促すことが意識されているのです。

　また，コードでは曖昧ともいえるような表現が意図的に使われています。これは，どのような対応を講じることが"適切"であるのかについては，上場会社の経営陣が自らの責任において判断することが重要であるとの考えに基づいています。また，その妥当性の判断は法によって定められるわけではなく，上場会社と株主との対話の中で見出されていくものとされています。

　したがって，コードにおける開示は，実施状況のチェックのためではなく，その内容について株主と対話を行うことで，その妥当性が確認され，お互いが理解を深めることにより，さらに進化していくことが期待されています。

　コードは攻めのガバナンスを求めていますが，この内容を満たせば，それだけで成長につながるという考え方はとっていません。株主は，会社ごとの

コーポレートガバナンスに対する考え方、その背景自体を理解したいと考えています。開示が求められている項目に関しては、開示内容だけでなく、その背景も含めて理解することが、建設的な対話につながります。株主から見た場合、対話の材料というのは、それを以って遵守状況を監視しクレームを付けるという目的ではありません。株主から見て特に関心がある項目や疑問・不安に思う項目について具体的に対話を行い、相互の理解を深めるためのステップとして必要だと考えればよいのです。エンゲージメントというと、何らかの課題があり、その問題を解決するために株主側から提言が行われ、上場会社と株主が合意に至るまで話合いを行い、問題解決が図られるというイメージがあるかもしれません。しかし、現在、日本で行われている対話は、第1部でも述べたとおり、主にお互いの理解醸成のための対話であり、コードは相互理解のための有益な材料であると考えるのが適切です。

したがって、上場会社にとって、まずはどのような考え方でコーポレートガバナンスに取り組んでいるのかを示すことが重要となります。コードの遵守状況の開示については、特に定められた書き方がないために、上場会社ごとのガバナンスに関する姿勢がはっきり出る部分だとも考えられます。決められた開示項目と表層的な表現にとどめるのか、本質的な考え方から説明し積極的に取り組みを公表することでガバナンスに対する姿勢を株主に示すか、上場会社の姿勢が明確に現れる部分となるでしょう。株主にとっては、ここから溢れ出る情報は、遵守状況の羅列などよりもはるかに情報価値が高いともいえるのです。

❷ 株主は何を知りたいのか

株主が求めているのは、上場会社がどのようにして効率的に富を生み出す仕組みを構築しているかということです。つまり、経営者が、持続的に企業価値を拡大させていく仕組みとして、ガバナンスをどのように考えるかが明確に示されていることを、株主は最も重視していると考えられます。

しかし，この経営者の姿勢は，各原則の遵守状況の説明の中で直接記載されているものではなく，説明の文脈の中にその背景として滲み出るものです。したがって，少なくとも以下の3つの視点を踏まえ，説明内容をつくりあげていく必要があります。

1．資本生産性の認識

　1つ目は，株主資本コストを明確に意識した資本生産性の向上です。資本生産性の向上は今回のコードの中でもとりわけ重要な目的でもあり，これまでのガバナンス議論では取り上げられてこなかった部分です。ビジネスモデルなど価値を生み出す仕組みを整理した上で，資本生産性向上との整合性を意識して，各原則への対応を説明することが重要です。

　一例をあげると，原則1-4では，単に政策保有株式に関する方針を説明するのでは十分でなく，原則1-3資本政策の基本的な方針の説明を行った上で一貫性を持って語ることが重要となります。さらに，資本政策の基本的な方針もそれがあればよいということではなく，その裏づけが重要です。例えば，原則1-3の資本政策の基本的な方針の前提には，ビジネスモデルの考え方を整理する必要があります。つまり，上場会社のビジネスモデル（稼ぐ仕組み）はどのようなもので，そのための資産はどのような構成であり，それを踏まえると，どのような資本構成が望ましいと考えているのか。その結果，上場会社としての基本となる資本政策はこうなるといった流れでの説明となります。このような一連の説明を行う上で，原則1-4で政策保有株式に関する説得力のある説明を行うことが求められているのです。

2．独立社外取締役の役割の位置づけ

　2つ目は，独立社外取締役の役割を経営の機関設計の中でどのように位置づけるかです。コードでは独立社外取締役を取締役会の実効性を確保する上での中核的存在と位置づけ，果たすべき役割を示しています。しかしながら，役割が曖昧なまま，形式的に人数合わせで社外取締役を導入しても，コスト

だけがかかり、むしろ経営のスピードが落ちる懸念すらあります。逆に、社外取締役の役割を真剣に捉え、株主をはじめとするステークホルダーの意見を代表する存在として社外取締役の役割を位置づけることができれば、取締役会の意思決定に透明性・客観的合理性が担保され、経営陣は適切にリスクテイクされた積極的でスピード感のある経営が可能になると考えられます。したがって、そのような経営が行えるための環境を整備するために、さまざまな工夫が必要になります。単に、複数名の独立性の高い社外取締役がいるという形式基準を満たしていることを開示するのではなく、むしろ、独立社外取締役の実効性を高めるため、認識している今後の課題も含めて説明していくことが重要です。

さらに、経営陣は、株主に対する受託者責任、企業価値の向上に対する責任を意識し、現在の機関設計の不足している部分や見直しが必要な部分など改善に向けて取り組んでいる課題を開示することで、攻めのガバナンスのために必要となる経営陣の裁量権を正々堂々と確保していくことが必要です。英国のコードでは受託者である取締役には利益相反を回避するといった忠実義務が課される一方、経営判断においては経営陣に大幅な裁量権を与えています。これは、経営陣が健全なリスクテイクをするためのガバナンス体制が仕組みとして整備されているからです。取締役会における社外取締役の比率が増加する中、取締役会が経営陣の領域まで踏み込まないという規律は極めて重要であり、そのためにも株主への理解を求めながら組織構造を変えていくことが不可欠といえるでしょう。

3．株主との対話への姿勢

3つ目は、株主との対話への姿勢です。株主との対話はスチュワードシップ・コードとの対をなすという意味もあり、また今後は株主がガバナンス改革の起点であることが強く意識される部分となるため、その対話方針は、それをどのように企業価値向上につなげ、経営に活かすのかということも含めて明確な方針を策定し説明する必要があります。つまり、株主との対話は、

上場会社にとって負担ではなく，企業価値向上に向けた建設的なものとする必要があります。そのためには，株主との対話の中で何を得るのかということをしっかりと整理することが重要です。また，株主とは何かを知り，誰とどのような対話を行っていくことが企業価値向上につながるかを考える必要があります。コーポレートガバナンスに対する関心事項が株主によっても異なる中，どのような株主に，いかなる内容の対話を行うことが有効かという判断も必要となります。そのためにも上場会社は株主という存在をしっかりと理解することが求められるのです。

例えば，中長期で上場会社を評価し，資本市場における上場会社のパートナーとして対話を行うことを望む株主は，細かな開示事項よりも，中長期の企業価値向上ストーリーと，そのビジネスモデルに即したガバナンスの在り方を理解したいと考えます。したがって，各原則の遵守状況よりもコードの中で散りばめられているさまざまな原則への対応が，どのように有機的につながっているのかを意識して示す必要があるのです。

コラム⑰　英米におけるガバナンス構造の開示

　海外機関投資家との対話を意識する場合，海外企業のガバナンス構造の説明を踏まえて，開示を行うことは重要です。説明の違いを簡単にいうと，日本が形式の説明を行っているのに対して，海外ではプロセスにおける役割や意思決定の仕組みの説明となっています。

　日本の上場会社のガバナンスの開示では組織図が掲載され，その組織に関する役割が示されています。しかしながら英米のアニュアルレポートなどを見ると文章での説明が多いことに気付きます。これは，日本の上場会社がガバナンス体制上の決裁機関の上下関係を意識しているのに対して，英米ではその決裁機関の上下関係よりも，意思決定の役割分担やプロセスを重視しているためと考えられています。海外企業は体制図において，組織と組織をつないでいる線にどのような意味があるのかを説明しています。会社としても文章を書いて示すことによって，物事の位置づけがはっきりし，それまで不文律で理解されていたことの矛盾点が見えてくることで組織が改善・進化し，それが上場会社の哲学として定着する効

果があるといわれています。これは日本では馴染みの薄い考え方ですが，それぞれの線で，どのような責任があり，それがどのように果たされているのかを説明することで，社内でもその役割が明確となることが期待できます。この手法は日本の慣習を知らない海外機関投資家にガバナンス構造を理解してもらう上でも重要な要素になると考えられます。

❸ 具体的な開示方法と機関投資家とのコミュニケーション

1．"取り繕った開示"より"現状の課題認識を正直に伝える開示"

　株主が知りたいことは，前述のとおり，経営者が，受託者責任の意識を持って企業価値を拡大させていく仕組みとして，ガバナンスをどう考えているかです。したがって，企業価値向上に向けてガバナンス改革をどのように行おうとしているのかを具体的に示すことが重要です。

　このコアとなる方針を固めれば，後は現状と将来の方向性を定めて努力するだけであり，それを具体的に説明していくということに尽きます。したがって，遵守状況の説明にあたっては，"現状，問題なし"という説明ではなく，むしろ，現状に課題があり，これを機会に見直しを行った結果，今後，どのような取組みを行っていくのかという"課題認識と方針，今後のロードマップ"を正直に開示することが望ましいと考えられます。

　多くの上場会社の開示や説明を見ている株主には，表面を取り繕った開示，過度に自信に満ちた説明は，かえって経営陣は実状を認識していないのではないかと疑念を持つこととなります。ましてや，2015年はコード施行の元年。現時点で完璧にコードを遵守できている上場会社はほとんどないといえるでしょう。言い方を変えると，短期間に対応できるような形式的な対応を株主は求めているわけではありません。

　株主は，基本的には上場会社の応援団ですから，上場会社の実行力に対しては概して楽観的です。課題がしっかり認識できており，それが株主から見

ても納得できるものであった場合，経営陣に対する信頼が生まれ，「課題認識さえ共有されていれば，課題を解決するはずである」と考えて応援する場合が多いと考えられます。

2．コーポレートガバナンス報告書の提出でコード対応は終わらない

　上場会社は，コードへの対応全体が，コーポレートガバナンス報告書を出せば終わるというような１回限りのものではなく，継続的に展開していくべきプロセスであるということを認識する必要があります。コーポレートガバナンスはこれで完璧というものはなく，社会・経済の変化や上場会社の成長段階に合わせて継続的に進化させていくことが必要です。現時点でのガバナンスのレベル感については，上場会社間でも大きな格差があります。しかし，そのようなことは株主から見るといわば織り込み済みであり，仮に現在のレベルが十分でなくても，今回のコードを受け改善の方向に踏み出すのであれば，株主はそれを高く評価するでしょう。

　その継続的プロセスにおける鍵となるのが，株主との対話となります。上場会社は，コード対応において，自社の特性やその置かれた環境を十分認識した上で，自らが適切と思う対応措置を講じ，開示や説明を行うことが求められます。もちろん，それを不適切・不十分と捉える株主も現れるでしょう。場合によっては，上場会社の対応に対して厳しい批判が寄せられることも想定できます。しかしながら，それこそが会社にとってはチャンスなのです。そもそも投資価値がないと考える上場会社に対して株主は対話を行わない可能性があります。したがって，株主からの厳しい意見はむしろ自社が期待されていることの証であり，そうした場合にこそ，企業経営者と株主が互いに胸襟を開いて建設的な対話を行うことが重要なのです。

3．ガバナンス・ストーリー

　開示は株主との対話の重要な一手段です。上場会社が，株主に，企業価値を拡大させていく仕組みとしてガバナンスをどう考えるかを伝えるためには，

原則ごとに断片的に開示・説明するだけでは適切ではありません。我々は分散化された多くの情報を伝えるためには，1つの"ストーリー"として整理して説明する手法が有効と考えます。これは，1つの物語として情報をまとめ，わかりやすく，印象に残りやすくする手法です。

原則3-1で書きましたとおり，株主は，「どのような価値をどのように創造しようとしているのか」という経営者が思い描いている"ビッグピクチャー"を知りたいと考えています。"ビッグピクチャー"とは，「どこを目指しているのか（経営理念等）」「どのような道筋でどうやって進むのか（経営戦略・計画，ビジネスモデル・収益構造・資本政策）」「どのように健全なリスクをとり適切な経営をするか（コーポレートガバナンス，行動準則，ESG）」「今はその道筋のどこにいるのか，今後はどう進むのか（中計・年計）」という内容の目的地までの進み方を描いた大きな地図，つまり上場会社の大きなストーリーです。経営者が考える，この"ビッグピクチャー"の一部分の詳細ストーリーとして，ガバナンスコードの遵守状況を説明した"ガバナンス・ストーリー"としてまとめ説明します。これにより，中心となる上場会社の

図表3-1　株主が知りたい"ビッグピクチャー"（図表2-7再掲）

どのような価値をどのように創造するのか

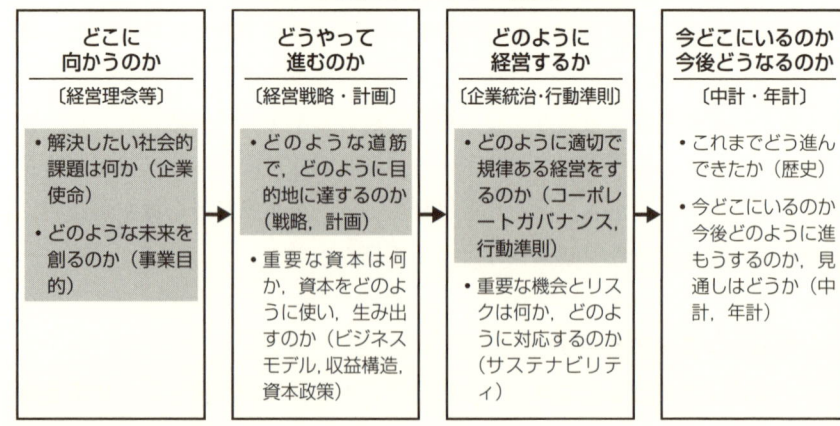

どこに向かうのか 〔経営理念等〕	どうやって進むのか 〔経営戦略・計画〕	どのように経営するか 〔企業統治・行動準則〕	今どこにいるのか 今後どうなるのか 〔中計・年計〕
・解決したい社会的課題は何か（企業使命） ・どのような未来を創るのか（事業目的）	・どのような道筋で，どのように目的地に達するのか（戦略，計画） ・重要な資本は何か，資本をどのように使い，生み出すのか（ビジネスモデル，収益構造，資本政策）	・どのように適切で規律ある経営をするのか（コーポレートガバナンス，行動準則） ・重要な機会とリスクは何か，どのように対応するのか（サステナビリティ）	・これまでどう進んできたか（歴史） ・今どこにいるのか今後どのように進もうするのか，見通しはどうか（中計，年計）

※太字・網かけは，ガバナンス・ストーリー

大きなストーリーの中に含まれるガバナンス・ストーリーとなり，株主に理解されやすくなります。

具体的には，以下のような流れで，各原則の遵守内容をストーリー化して，基本となるストーリーと，さらにより詳しくコミュニケーションする場合に付加する追加ストーリーに整理します。

【基本ガバナンス・ストーリー】
①目指すべきところ（経営理念等）はどこか （原則3-1(i)）
②どういう道筋でどう進むか（経営戦略・計画）（原則3-1(i)）
　どのように収益を上げるか（ビジネスモデル・事業構造）（原則5-2）
③どのように資本コストを考えるか（資本政策）（原則1-3）
　（・政策保有があれば，その方針・議決権行使の基準 （原則1-4））
④株主の位置づけ，どう統治する仕組みを整えるか（ガバナンスの基本的考え方，基本方針）（原則3-1(ii)）
⑤どういう経営チームとするか
　・取締役会の知識・経験・能力のバランス，多様性および規模の考え方）（補充原則4-11①）
　・どのように人選するか（選任と指名の方針・手続き）（原則3-1(iv)）
　・具体的にどう人選したか（個々の選任・指名の説明）（原則3-1(v)）
　・どういう報酬とするか（報酬決定の方針・手続き）（原則3-1(iii)）
　・業績連動報酬の割合，現金報酬と自社株報酬の割合（原則4-2）
　・どのように質を高めるか（役員に対するトレーニング）（補充原則4-14②）

【さらにより詳しく説明する場合の追加ストーリー】
⑥どのようにビジネスマネジメントを分離するか（経営陣への委任の範囲）（補充原則4-1①）

⑦どのようにモニタリングするか
- 社外取締役の員数（原則4-8）
- 独立性判断基準（原則4-9）
- 関連当事者間取引の監視の枠組み（原則1-7）
- 任意の仕組みの活用（原則4-10）

⑧どのように実効性を高めるか
- 役員の兼任状況（補充原則4-11②）
- 取締役会の実効性の分析・評価の結果の概要（補充原則4-11③）

⑨どのようにサステナビリティー課題（リスク）に対応するか（原則2-3）

⑩どのように株主と対話するか（対話促進の体制整備の方針）（原則5-1）

このガバナンス・ストーリーは，開示が要請されている11項目以外にも，株主の関心が高く，積極的に記載することが望ましい項目を含めています。

4．社長コミットメント

　社長によるコミットメントは，中長期の株主にとっては極めて有用な非財務情報です。企業組織としての考え方や方針ではなく，組織を経営し，課題を遂行する最高責任者としての決意を示すこととなるので，信頼性は極めて高いものとなります。これまでも中期計画の目標数値等では社長のコミットメントが重視されてきましたが，コーポレートガバナンスに関しても，各原則の開示を行う前提として，ガバナンス体制の整備を推進する責任者として，コミットメントを示すことが重要です。

　社長が，目指すところである経営理念への思い，ステークホルダーにおける株主の位置づけ，リスクとチャンスを踏まえた戦略の現状，競争環境の変化によるビジネスモデルの収益力の特徴と変化，中長期の企業価値向上に向けた計画の推進状況と課題，資本コストを意識した資本政策やガバナンス体制の整備など，開示情報の背景となる現状認識と決意を示します。

　社長のコミットメントをまとめたものは，「株主への手紙」として株主か

図表3-2　社長のコミットメントが含まれる社長メッセージの例

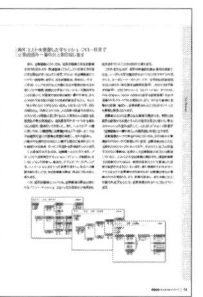

出所：ピジョン「2015年1月期アニュアルレポート」(http://pigeon.co.jp/ir/pdf/fb2015.pdf)。

219

図表3-3　ビジョンの社長メッセージの概要

- Global Number Oneブランドの育児用品メーカーを目指して
- 企業理念経営の深耕に努めました
- お客様のお困りごとの問題解決力がピジョンの強みです
- 第5次中期経営計画では世界で通用する経営品質の確立を目指しています
- 第5次中期経営計画は順調に進捗しています
- 中国事業：課題を新たな成長に結びつける取り組みを継続します
- 海外事業：インドをはじめ新興国は中国に続いて期待できる市場です
- 2016年1月期は重点課題を中心に収益力の強化を図ります
- 資本コストを意識したキャッシュ・フロー経営で企業価値の一層の向上を目指します
- 投資資金を十分確保した上で積極的な株主還元を継続します
- グローバルにリスク認識とその管理を強化しています
- 成長のために最適なコーポレート・ガバナンス体制を構築します

出所：ピジョン「2015年1月期アニュアルレポート」(http://pigeon.co.jp/ir/pdf/fb2015.pdf)。

ら注目されています。有名なのは、米投資会社バークシャー・ハザウェイを率いるウォーレン・バフェット氏が毎年株主に宛てて送付する書簡です。このほか、GEやAmazonなど、多くの企業の社長が手紙を公開しています。株主はこれを毎年継続して見ており、その変化に注目するため、当然、毎年更新することが必要です。

　この社長の経営全般に関するコミットメントにおいて、コードに対応し、大きなガバナンス改革を行ったときには、ガバナンスに関するものに大きく言及すれば、形式的な開示では表現できなかったガバナンスに対する社長の思いが生の言葉で伝わり、説得力が格段に高まると期待できます。

　このガバナンスに関する社長コミットメントは、「株主への手紙」を作る以外に、アニュアルレポートや株主通信の社長メッセージに載せる方法があります。

　株主が社長のコミットメントを重視する理由はシンプルです。従来の開示

資料においてはその主語が「会社」となりますが，社長コミットメントの場合の主語は「私」となります。株主から見た，日本のガバナンス構造の大きな問題点の1つは全体責任主義であり，社長によるコミットメントがあるということは，社長が果たすべきリスクテイクの第一歩と見なされます。そういった意味で，ガバナンスに関しても主語が会社であるのか，社長であるのかということは，株主から見た場合は大きな差と捉えられます。社長がガバナンスに対しコミットする上場会社は，現状のレベルに関わらず，今後はガバナンスの改善が続き，攻めの経営が実現できるという期待が醸成されると考えられます。

4 各コミュニケーションツールの開示・説明の仕方

1．コーポレートガバナンス報告書への全情報の掲載

　コードで開示が定められている11項目と，遵守せずに説明する項目については，コーポレートガバナンス報告書での開示が定められていますが，報告書に全文を記載するのではなく，WEBサイトのURLなど，その他の法定書類やコミュニケーションツールでの記載箇所を示すだけでもよいとされており，報告書以外の法定書類やその他のツールによる開示が認められています。

　しかしながら，基本的には，コーポレートガバナンス報告書で理解できるように掲載し，その上で詳細な補足情報をURLなどでリンクを貼る形が望ましいと考えます。開示書類としてメインの資料を定め，そこにすべての要素が織り込まれていると，複数の開示資料を同時に見なくても済むので株主のニーズに合っていると考えられます。また，そのような形式を整え株主の利用に配慮していることも，株主との建設的な対話を行う上で前向きな対応と捉えられるでしょう。

2．ガバナンス・ストーリーで説明する開示資料の作成（株主との対話用の資料，もしくは招集通知の活用）

　しかしながら，前述のとおり株主に，多岐にわたるコードの遵守状況をガバナンス・ストーリーとして整理し，実際の株主との対話の場面での短時間のミーティングで要領よく伝えるためには，コーポレートガバナンス報告書より自由に表現できる，他の資料の方が望ましいと考えられます。これはコーポレートガバナンス報告書が記載箇所と記載内容，表現がXBRL[16]である程度規定されていることと，コードの各原則が，複雑に関連し入り組んだ構造であり，原則の順番に従って説明するより，各原則の関係する各項目を隣り合わせにしたり，わかりやすい図表を用いたりするなど，自由に表現した方が株主には理解されやすいためです。

　この観点では，法定書類ではないアニュアルレポートは表現が自由であり，そもそも上場会社が描くストーリーに従って制作するので，内容の親和性は高いといえます。しかしながら，ガバナンスに関する開示資料と位置づける場合は，記載する情報は，前掲の【基本ガバナンス・ストーリー】の①から⑤だけではなく，⑥以降の詳細なガバナンス情報の記載も必要となります。そうなると，アニュアルレポートとしては，ガバナンスのページが多くなり，バランスが悪いものとなる可能性があります。

　また，「コーポレートガバナンス・ガイドライン」として，ガバナンスに対する方針や詳細な社内規程を策定し開示している上場会社もあります。会社の方針が定められ，ひとまとめにしているので網羅性があるのですが，規程集の要素が強く，もう少し簡易なものを望む株主も多いと考えられます。

　そこで，株主との対話用に，ガバナンス・ストーリーに沿ったまとめ方で，開示・説明する独自の資料を作成し，株主との対話の際に用いることも考えられます。通常のIRミーティング用のプレゼンテーション資料と同様のスタイルのものをイメージすればよいかと思います。

---

16)　XBRLは，財務情報が作成・流通・再利用できるように標準化された情報処理言語。日本取引所グループ「適時開示情報のXBRL化」(http://www.jpx.co.jp/equities/listing/xbrl/index.html) 参照。

しかしその一方で，どの上場会社も，株主とのガバナンスに関する対話があるとは限りません。アナリストのカバレッジの問題や海外機関投資家のユニバースの問題（企業規模などの選定条件）から，ガバナンスに関する対話がほとんど行われない可能性もあります。このような上場会社が，せっかく前向きに，攻めのガバナンスを目指して改革に着手したのに，これを説明する機会がないのは残念です。その場合は，コーポレートガバナンス報告書での記載だけでなく，多くの株主に，ガバナンス・ストーリーを示す方法を探す必要があります。

　我々は，すべての株主の手許にいく開示資料で，ある程度の記載の自由度があり，しかも英訳版を作成している上場会社も多いことから，招集通知（事業報告，参考書類）が有効だと考えます。招集通知は，会社法施行規則で記載事項は定められているものの，記載箇所や任意記載も自由なので，ガバナンス・ストーリーで語る項目は，招集通知の法定記載に加え，任意記載で網羅できます。「対処すべき課題」で経営理念や戦略，中長期計画，ビジネスモデル，資本政策などを記載する上場会社も多いので，ガバナンスの基本的考え方や基本方針以降の詳しい情報を招集通知上の関連する記載箇所に盛り込めば，一連のストーリーがわかりやすいものとなります。また，国内外のすべての単元以上保有の株主の手許にいくリーチの広さからも，有効に活用すべきと考えられます。

図表3-4　各開示資料における説明のメリット・デメリット

	メリット	デメリット
コーポレートガバナンス報告書	・ガバナンスに関する情報がデータも含めて一覧で見ることができる。	・経営理念等や戦略，計画，ビジネスモデルなどを記載するのが難しい。 ・読み手が機関投資家のガバナンス担当者だけとなる可能性があり，企業が中長期にパートナーとすべきと考えられる企業価値に着目した株主の目に触れない可能性もある。
株主との対話用資料（WEB掲載）	・自由なフォーマットで制作できる。 ・長期株主のニーズを踏まえて適切な記載を行うことができる。	・法定書類ではないので，存在に気が付かない株主もいる。ミーティングがなければ，読まれない。
招集通知	・単元以上保有のすべての株主の手許にいく。 ・ある程度，自由度があり，株主のニーズを踏まえて任意記載できる。 ・英訳する企業が多い。	・招集通知が厚くなるので，コストが増える。
アニュアルレポート統合報告書	・自由なフォーマットで制作できる。 ・長期株主のニーズを踏まえて適切な記載を行うことができる。ガバナンス・ストーリーは，企業価値に着目するすべての株主にとって必要な情報であり，その他の非財務情報なども含めて一貫して説明できる。	・コストが高い。 ・作成している会社が少ない。
有価証券報告書	・法定開示資料の中では最も内容が充実した資料であり，その中での開示は利便性が高い。 ・読者がプロの機関投資家中心となるため，多少読みにくいものでも，理解される。	・記載事項，記載箇所が定まっているため，ガバナンス・ストーリーとして，わかりやすく記載することは適わない。 ・ほとんどの企業は英訳していない。

コラム⑱　コーポレートガバナンス報告書の記載をわかりやすく工夫した事例

　コードに対応したコーポレートガバナンス報告書への記載内容は、各社の考え方や会社の置かれた状況により表現を工夫する必要があり、記載の好事例として紹介された会社の記載内容や表現をそのままなぞっても適切なものとはなりません。しかしながら、読み手である株主へのわかりやすさや作業負荷の軽減を考えた記載方法のテクニカルな工夫は大いに参考にすべきと考えます。

　本書執筆時点ですでにいくつかの上場会社が、コード対応のコーポレートガバナンス報告書を提出していますので、その中から、わかりやすく工夫した好事例を紹介します。

①原則の順番に囚われず、株主の視点で内容を整理し、開示義務項目以外の重要と考える項目を含め順番を変えて記載している例

　前述のとおり、コーポレートガバナンス報告書が記載箇所と記載内容、表現がXBRLである程度規定され、コードの原則が複雑に関連し入り組んだ構造になっていることから、原則ごとに遵守状況を記載し、報告書の中の該当項目にそれぞれバラバラに記載すると、株主に伝わりづらくなります。

　そこで、原則の順番どおりではなく、さらに開示義務11項目以外の重要な項目も含めてストーリーとして整理し、コーポレートガバナンス報告書のコード遵守状況の欄に記載している事例です。コーポレートガバナンス報告書ではなく他の開示資料を用いるという考え方もありますが、可能な限りここでしっかりと伝えていく努力をしており、注目できます。

```
【コーポレートガバナンス・コードの各原則に基づく開示】
　以下で使用する用語の定義は次の通りとします。
　・経営陣：業務執行取締役及び執行役員
　・経営陣幹部：役付執行役員
　・役員：取締役、監査役及び執行役員

　1　経営理念（原則3-1①）
　花王グループの企業活動の拠りどころとなる企業理念として「花王ウェイ」を以下の通り定めています。
　(1) 使命
　　私たちは、消費者・顧客の立場にたって、心をこめた"よきモノづくり"を行ない、世界の人々の喜びと満足のある豊かな生活文化を実現するとともに、社会のサステナビリティ（持続可能性）に貢献することを使命とします。この使命のもと、私たちは全員の熱意と力を合わせ、清潔で美しくすこやかな暮らしに役立つ商品と、産業界の発展に寄与する工業用製品の分野において、消費者・顧客と共に感動を分かち合う価値ある商品とブランドを提供します。
　(2) ビジョン
　　私たちは、それぞれの市場で消費者・顧客を最もよく知る企業となることをグローバルにめざし、全てのステークホルダーの支持と信頼を獲得します。
　(3) 基本となる価値観
　　1) よきモノづくり
　　2) 絶えざる革新
　　3) 正道を歩む
　(4) 行動原則
　　1) 消費者起点
　　2) 現場主義
```

出所：花王「コーポレートガバナンスに関する報告書」（2015年7月1日）。

花王「コーポレートガバナンスに関する報告書」（2015年8月7日）の【コーポレートガバナンス・コードの各原則に基づく開示】に記載している項目

1．経営理念（原則3-1(i)）
2．長期経営戦略（原則3-1(i)）
3．中期経営計画（原則3-1(i)）
4．コーポレートガバナンスに関する基本的な考え方と基本方針
　　（原則3-1(ii)，原則4-9）
　(1) 基本的考え方
　(2) 取締役会等の役割・責務（役員の多様性の有効な活用）
　(3) 独立役員等の有効な活用（原則4-10-1）
　(4) 非業務執行者による取締役会議長（原則4-6）
　(5) 監査役会設置会社
　(6) 株主との対話の促進
　(7) 資本コストを意識した経営
5．経営陣に対する委任の範囲（原則4-1-1）
6．取締役・監査役候補・経営陣幹部の指名の方針（原則3-1(iv)）
7．取締役会の知識・経験・能力のバランス，多様性及び規模に関する考え方
　　（原則4-11-1，原則2-4）
8．取締役・監査役候補の指名・経営陣幹部の選任に関する手続（原則3-1(iv)）
9．取締役・監査役及び経営陣幹部の個々の指名・選任についての説明，社外役員の兼務状況（原則3-1(v)，原則4-11-2）
10．独立役員等を有効活用するための現状の取組内容
　(1) 独立役員等の選任状況
　(2) 取締役会議長（原則4-6）
　(3) 独立役員，経営陣及び監査役との連絡・連携（原則4-8-2）
　(4) 独立社外取締役等の情報交換・認識共有（原則4-8-1）
11．取締役会全体の実効性についての分析・評価及びその結果の概要（原則4-11-3）
12．取締役・監査役に対するトレーニングの方針（原則4-14-2）
13．取締役・経営陣幹部の報酬を決定するに当たっての方針と手続（原則3-1(iii)）
14．株主と建設的な対話を促進するための体制整備・取組みに関する方針
　　（原則5-1）

15. 政策保有株式に関する方針及び議決権の行使基準（原則1-4）
16. 関連当事者間の取引の承認手続（原則1-7）

出所：花王「コーポレートガバナンスに関する報告書」（2015年8月7日）から抜粋。

②ガバナンスの進化の過程を記すため，更新部分を冒頭に明記している例

　　コードに完全準拠するためのガバナンス改革は，一足飛びにはできず，長い期間をかけて徐々に改革を進めることとなり，株主は，過去のコーポレートガバナンス報告書を時系列で見ていくことでその会社のガバナンスの変遷を理解しようとすることが考えられます。したがって，コーポレートガバナンス報告書にしっかりと進化の証跡を残す，つまり開示内容の更新箇所を記すことが重要です。コーポレートガバナンス報告書の仕様は，更新項目には更新マークが自動的につきますが，1つの項目の長い文章中のどことどこが変わったのかはわかりません。また，前回提出の報告書からの更新にしかマークがつきません。東証のシステムでは過去提出の報告書の検索もできますが，読み手の株主は，過去分をすべて抽出し比較しなければなりません。また，別の開示資料にリンクしている場合は，別の開示資料中で変更していても，コーポレートガバナンス報告書ではわかりません。

　　これらのことから，更新箇所を，コーポレートガバナンス報告書の冒頭に明記しているこの事例は，読み手に対して親切な対応といえるでしょう。

【コーポレートガバナンス・コードの各原則に基づく開示】更新
2015年5月及び6月開催の取締役会において，取締役会の実効性についての評価を実施し，その結果がまとまりましたので，「11　取締役会全体の実効性についての分析・評価及びその結果の概要」を更新しました。

出所：花王「コーポレートガバナンスに関する報告書」（2015年8月7日）。

③コーポレートガバナンス報告書の末尾にコードの実施状況の対照表を掲載している例

　　コードへの対応として，独自にコーポレートガバナンス・ガイドラインを制定し，独自のまとめ方でコードへの対応方針を示している会社があります。コーポレートガバナンス報告書でも冒頭にリンクを貼り，自社サイトに掲載したコーポレートガバナンス・ガイドラインへと誘導する方法です。この方法の場合，ガイドラインが独自のまとめ方をしているため，どの原則への遵守状況がガイドラインのどこにあるのか，株主にはわかりにくくなります。この事例のように，報告

書の末尾に各原則の開示場所をとりまとめた一覧表があると，株主に便利です。

　多くの上場会社は社内でこのようなチェックリストを作成していると思います。コードへの対応ではすべて遵守していますという会社が多いのですが，その根拠が明確に示されている会社は稀で，それを1つひとつ確認していくのは容易ではありません。

　このような工夫も読み手を意識した開示として評価されるでしょう。

出所：オムロン「コーポレートガバナンスに関する報告書」(2015年6月24日)。

あ と が き

　第1章，第2章において，コーポレートガバナンス・コードへの対応を考える上で，その背景となる機関投資家の考え方や，そもそも機関投資家は何かということについて説明した後に，第3章では，個々の原則に対してその背景にある株主の考え方を踏まえた具体的な実務対応を解説し，第4章では開示とコミュニケーションの実務を行うにあたっての方法やアイデアを説明しました。

　今回，編集にあたって拘ったのはすべての原則に対して背景となる株主の考えを盛り込むことです。なぜならば，今回のコードの基本コンセプトがルールにより規制するのではなく，上場会社が株主との対話を続ける中で最適解を見つけながら経営を行うべきという考えが根本にあり，株主の考え方を可能な限り理解することが不可欠であると考えられるからです。

　上場会社と株主との関係は，これまで，上場会社による情報開示と，機関投資家を中心とする株主による情報収集という一方通行の形で展開されてきました。両者はこれまでも直接のミーティングを繰り返してきましたが，それは建設的な対話というよりは投資のための情報収集とそれに応える情報開示の場であったといえるでしょう。スチュワードシップ・コード，コーポレートガバナンス・コードという2つのコードで求められている対話は，企業価値向上という目的に向かって両者が協調するための建設的な対話です。上場会社には，コードを機に新たな関係構築に向けた前向きな対応が求められています。

　さて，最後に今後のコーポレートガバナンス・コードを取り巻く状況について少しお話ししたいと思います。2015年は導入初年度ということもあり，まずは総会後6か月後の締めきりに向けて現在の状況をまとめる形で開示が行われています。また，それを評価する機関投資家をはじめとする株主も，今年はまずは様子見であると考えられます。したがって，2015年の開示については，個々の対応状況に対して厳しい評価をする株主は稀でしょう。しか

しながら，本番はむしろ2016年以降の開示にあるといえます。2015年の開示結果を見るとガバナンスの良し悪しの企業間格差はかなりはっきりと表れると想定されます。その結果を受けて，2016年の開示はどのように進化するかということに機関投資家は注目しています。全体の変化次第では2015年の内容が平均以上でも2016年には平均以下となる上場会社も出て来るでしょう。

　また，2016年にはスチュワードシップ・コードが3年目となり，見直しの議論が行われることになっています。英国ではスチュワードシップ・コードにおいて上場会社のコーポレートガバナンス・コードの遵守状況をモニタリングすることが求められています。したがって，2017年から施行される日本版新スチュワードシップ・コードでも，英国同様の内容が盛り込まれる可能性があると考えられます。その場合，機関投資家は上場会社の遵守状況を詳細に分析し内容次第では厳しい対話を求めることになるでしょう。つまり，2015年の開示を行ってホッとするのではなく，他社の開示事例の分析を行い，株主との対話を踏まえて自社のガバナンス改革を加速させていくことがますます重要となります。

　上場会社と株主の対話は，これからさまざまなベストプラクティスが示されていくことによって発展していくと考えられます。本書は，両者の対話の充実に向けた取組みが加速することを願って，企業の元株式・ガバナンス担当者と元機関投資家が本音で考えを出し合いました。しかし，本書で行った提案はあくまで現時点で考えたベストプラクティスの1つです。今後も上場会社を取り巻く環境，海外も含むコーポレートガバナンスに関する考え方の変化，それを見る投資家の視点などは進化を続けます。昨今の動きは急速であり，上場会社・株主の双方が感度を高く持ち，学び続ける姿勢が重要だと思います。私たちも海外の事例を含むさまざまな事例を紹介していくことで，微力ながら皆様の企業価値向上に貢献できればと考えています。

河北博光・山崎直実

参 考 文 献

OECD（2004）「OECDコーポレートガバナンス原則」。

池田唯一・阿部泰久・田中正明・小口俊朗（2015）「リスクテイクのための企業統治論」『週刊金融財政事情』2月16日号。

石井裕介・若林功晃「コーポレート・ガバナンスに関する規律の見直し」『旬刊商事法務』No.2056。

神田秀樹・北川尚・三瓶裕喜・関孝哉・武井一浩「コーポレートガバナンス・コードを活かす企業の成長戦略」『旬刊商事法務』No.2055，No.2056，No.2057。

（一社）企業活力研究所（2015）「企業のグローバル展開とCSRに関する調査研究報告書」。

北川哲雄編著（2015）『スチュワードシップとコーポレートガバナンス 2つのコードが変える日本の企業・経済・社会』東洋経済新報社。

金融庁（2014）日本版スチュワードシップ・コードに関する有識者検討会「責任ある機関投資家の諸原則《日本版スチュワードシップ・コード》」。

金融庁・東京証券取引所（2015）コーポレートガバナンス・コードの策定に関する有識者会議「コーポレートガバナンス・コード原案」。

経済産業省（2014）「持続的成長への競争力とインセンティブ〜企業と投資家の望ましい関係構築〜（伊藤レポート）」。

経済産業省・持続的成長に向けた企業と投資家の対話促進研究会（2015）「対話先進国に向けた企業情報開示と株主総会プロセスについて」。

高山与志子（2014）「取締役会評価とコーポレート・ガバナンス」『旬刊商事法務』No.2043。

澤口実・内田修平・福田剛・吉田瑞穂（2015）「コーポレートガバナンス・コードへの対応—既存の開示事例を参考に—」『資料版/商事法務』No.372。

武井一浩編著（2015）『コーポレートガバナンス・コードの実践』日経BP社。

東京証券取引所（2015）「コーポレートガバナンス・コード〜会社の持続的な成長と中長期的な企業価値の向上のために〜」6月1日。

東京証券取引所（2015）「コーポレートガバナンス・コードの策定に伴う上場制度の整備について」2月24日。

（公社）日本監査役協会（2015）「改正会社法及び改正法務省令に対する監査役等の実務対応—施行に向けた準備対応及び平成27年6月総会への準備対応を中心として—」。

（公社）日本監査役協会・会計委員会（2015）「会計監査人の選解任等に関する議案の内容の決定権行使に関する監査役の対応指針」。

日本経済団体連合会・経済法規委員会企画部会（2015）「会社法施行規則及び会社計算規則による株式会社の各種書類のひな型（改訂版）」。

日本公認会計士協会・監査基準委員会（2015）「監査品質の枠組み」『監査基準委員会研究報告第4号』。

堀江貞之（2015）『コーポレートガバナンス・コード』日経文庫。

森・濱田松本法律事務所編（2015）『変わるコーポレートガバナンス』日本経済新聞出版社。

山崎直実（2013）「投資家との対話を重視したコーポレートガバナンス・コミュニケーションの事例」『RID ディスクロージャーニュース』Vol.22。

山崎直実（2014）金融庁第17回企業財務研究会講演資料「日本企業と機関投資家との対話の現状と課題」。(3月24日) www.fsa.go.jp/frtc/kenkyu/gijiroku/20140324/02.pdf

『山を動かす』研究会編（2014）『ROE最貧国日本を変える』日本経済新聞出版社。

油布志行（2015）「コーポレートガバナンス・コードの策定について」『月刊資本市場』355号。

油布志行・渡邉浩司・谷口達哉・中野常道（2015）「「コーポレートガバナンス・コード」原案の解説Ⅰ」『旬刊商事法務』No.2062。

油布志行・渡邉浩司・谷口達哉・善家啓文（2015）「「コーポレートガバナンス・コード」原案の解説Ⅱ」『旬刊商事法務』No.2063。

油布志行・渡邉浩司・髙田洋輔・中野常道（2015）「「コーポレートガバナンス・コード」原案の解説Ⅲ」『旬刊商事法務』No.2064。

油布志行・渡邉浩司・髙田洋輔・浜田宰（2015）「「コーポレートガバナンス・コード」原案の解説Ⅳ」『旬刊商事法務』No.2065。

【著者紹介】(五十音順)

河北　博光（かわきた・ひろみつ）

証券アナリスト（日本証券アナリスト協会検定会員，国際公認投資アナリスト®）1993年日本生命保険相互会社入社後，同社資産運用部門，ニッセイ投資顧問株式会社（現ニッセイアセットマネジメント株式会社）にて主にファンドマネジャーおよびアナリスト業務に従事した。この間，パトナムインベスツ（米国）への派遣で海外機関投資家におけるアナリスト経験も持つ。同社退社後は機関投資家によるスチュワードシップ活動やコーポレートガバナンスについての研究を行っている。

山崎　直実（やまざき・なおみ）

一般社団法人　株主と会社と社会の和　代表理事
1985年株式会社資生堂入社後，商品開発・マーケティング，経営企画などを担当，2003年からコーポレートガバナンス，IR/SR，情報開示，株主総会・株主対応業務に従事。国内外機関投資家や議決権行使助言会社，SRI調査機関，アセットオーナー，個人株主との対話を重ね，「社外役員の独立性の詳細開示」「役員報酬個人別開示」，「招集通知の発送前WEB掲載」など，情報開示とコミュニケーションの先駆的取り組みを推進。
2014年3月資生堂を退職し独立。6月に一般社団法人　株主と会社と社会の和を設立。
経産省「持続的成長への競争力とインセンティブ～企業と投資家の望ましい関係構築～（伊藤レポート）」委員，同省企業報告ラボ「コーポレートガバナンスの開示の在り方分科会」委員を歴任。IIRC実務者意見交換会メンバー。
Mail : cgcode@esg.jp

平成27年10月25日　　初版発行　　　　　　　略称：ガバナンスコード

株主に響く
コーポレートガバナンス・コードの実務

著　者　©　河　北　博　光
　　　　　　山　崎　直　実
発行者　　　中　島　治　久

発行所　**同 文 舘 出 版 株 式 会 社**
東京都千代田区神田神保町1-41　〒101-0051
営業（03）3294-1801　　編集（03）3294-1803
振替 00100-8-42935　http://www.dobunkan.co.jp

Printed in Japan 2015　　　　　　　　　製版　一企画
　　　　　　　　　　　　　　　　　　印刷・製本　三美印刷
ISBN978-4-495-20341-2

JCOPY 〈出版者著作権管理機構 委託出版物〉
本書の無断複製は著作権法上での例外を除き禁じられています。複製される場合は，そのつど事前に，出版者著作権管理機構（電話 03-3513-6969, FAX 03-3513-6979, e-mail: info@jcopy.or.jp）の許諾を得てください。